MATERNITÉ ET RÉSILIENCE,

COMMENT ÊTRE MÈRE M'A RENDUE PLUS FORTE

ISBN : 9782492821820

Yaelle Bertholy

MATERNITÉ ET RÉSILIENCE,

COMMENT ÊTRE MÈRE M'A RENDUE PLUS FORTE

Photos : @lestudiodechloe_photographe

Illustrations : @undixjuillet

DashBook

SOMMAIRE

CHAPITRE 1
MON ENVIE DE MATERNITÉ

J'ai toujours su que je deviendrais mère un jour. Mais je voulais également « réussir » et il était important que je sois autonome financièrement. Et pour moi, réussir dans la vie se mesurait principalement dans le matériel. Cette vision de la vie était largement influencée par la société dans laquelle je grandissais, où la richesse et le statut social semblaient être les objectifs à atteindre pour être respecté.

Mais j'ai très vite compris que l'argent ne faisait pas le bonheur, mais qu'il y contribuait.

Je suis née dans une famille modeste en étant l'aînée d'une fratrie de 4, on a vécu des hauts et des bas.

Pendant les hauts, nous voyagions l'été avec mes parents : l'Espagne, Israël, la Tunisie, la France bien sûr... Je me souviens de ces vacances comme des bons moments, de ces moments qui vous font sourire quand vous y repensez.

Et les bas, qui ont malheureusement duré quelques années, m'ont forgée. Ils ont fait résonner en moi cette volonté, la volonté de toujours faire en sorte de ne manquer de rien et de faire de mon mieux pour y arriver.

Dès la majorité, j'ai commencé par travailler l'été à l'usine, puis dans la restauration.

C'est comme cela que j'ai atterri chez « Flunch ». J'avais un petit contrat d'employée polyvalente.

Je me suis installée seule en appartement parce que oui, je rêvais de faire des études, mais la vie a fait que j'avais besoin de mon indépendance, de sortir du cocon familial… Je vous passe les détails mais l'ambiance à la maison n'était pas toujours au beau fixe, alors j'ai cru bon de prendre mon envol.
Je m'étais dit que les études, je pouvais les reprendre un peu plus tard…

Et puis un jour, Julien a fait irruption dans ma vie. C'était le nouvel encadrant. Il était jeune, il sortait des études et cela se voyait. Un peu gauche, maladroit mais plutôt marrant. Toutes les filles de l'équipe le trouvaient charmant d'ailleurs, sauf moi, je crois que je ne le regardais même pas car pour moi il était inimaginable qu'un garçon comme lui s'intéresse à une fille comme moi…

Pendant quelques mois, nous nous sommes côtoyés et je pensais qu'il me détestait. Faut se le dire, j'étais pas l'employée parfaite. C'était un job alimentaire pour moi et je ne le prenais pas plus au sérieux que cela…
Julien me faisait reproche sur reproche mais avec le recul, je pense que je n'étais pas bien dans ce travail et donc je n'effectuais pas mes tâches avec sérieux.

Quelque temps après, j'ai décidé de m'installer à Montpellier, toujours pour les mêmes raisons, celles de vouloir échapper à mon quotidien qui commençait à me faire peur. Je voulais reprendre des études, loin. C'est ce que j'ai fait. Je me suis inscrite à la fac de droit de Montpellier et je suis partie mon baluchon à la main.

Une période assez compliquée pour moi car je quittais enfin le premier garçon que j'avais tant aimé mais qui m'avait fait tant de mal. C'était d'ailleurs en partie à cause de lui que j'ai décidé de m'installer loin. Je voulais mettre de la distance physique entre nous pour m'empêcher de retomber dans ses bras. C'était un petit copain envahissant, vous savez, le style de copain qui pique des crises de jalousie si un gars dans la rue a osé vous regarder ; ou le style de petit ami qui vous interdit de fréquenter telle ou telle personne sans lui… Il fallait que je m'en détache car cette relation était plus que toxique, autant pour lui que pour moi.

Une fois installée, j'avais pris l'habitude d'aller dans un cybercafé pour surfer sur internet, rien qu'en disant cela j'ai l'impression d'avoir 150 ans ! Passons. Et puis un jour, je change mon statut Facebook. J'étais passée de « en couple » à « célibataire ».

À cette époque, Facebook était à la mode et changer son statut était hyper important : c'était comme pour clôturer une histoire définitivement !

C'est à ce moment-là que Julien, oui le Julien de Flunch, l'a remarqué et que j'ai reçu un message qui me disait : « Il ne vous méritait pas de toute façon », avec un smiley « clin d'œil ».

Je me rappelle avoir été estomaquée par ce message : Quoi ? Mais qu'est-ce qu'il me veut celui-là ? Il est devenu fou ou quoi ??

J'ai fermé l'ordinateur et je suis rentrée chez moi.

Ce n'est que quelques jours après que j'ai décidé de lui répondre, au départ par simple curiosité, parce que, honnêtement, son message m'a trotté dans la tête pendant quelques jours… Je me demandais ce qu'il avait en tête en m'envoyant ce message, lui qui au travail, ne m'adressait qu'à peine la parole.

À partir de là, nous avons commencé à échanger sur Facebook, puis sur « MSN » pendant quelques semaines. MSN vous vous souvenez ? J'y passais des heures ^^

C'était tellement bizarre, et en même temps hyper fluide. J'en revenais pas mais je me laissais porter. Je ne me projetais pas du tout sur l'avenir ou sur une quelconque relation, j'avais beaucoup souffert auparavant et je voulais prendre le temps d'apprendre à vraiment le connaitre. Et puis je n'arrivais pas encore à le cerner, c'était d'ailleurs assez intriguant.

Lors d'un séjour à Lyon, parce que oui je suis originaire de Lyon, je l'ai vu pendant une soirée avec des copains ; je l'avais invité parce que j'avais besoin de savoir ce qu'il cherchait vraiment.

Et là, révélation : je n'arrivais pas à soutenir son regard, impossible de le regarder droit dans les yeux. Comme si je vivais un coup de foudre à retardement.

Une sensation étrange parce que j'étais loin d'imaginer qu'il me plaisait... Je pense d'ailleurs qu'il a vu que j'étais très mal à l'aise, je ne parlais pas énormément ^^

C'était un samedi, le lendemain nous nous sommes revus. Il m'avait invitée chez lui, j'ai sonné à la porte et il se tenait devant moi. Il m'a embrassée tout de suite ! J'étais étonnée mais il m'a avoué par la suite qu'après, il n'aurait pas eu le courage de le faire : j'ai trouvé cela mignon ; je me souviens qu'on a regardé *Dirty Dancing* je ne l'avais jamais vu et il était choqué que je ne connaisse pas ^^ Et à partir de là, j'ai su.

C'était Lui, le bon comme on dit. Celui qui serait le père de mes enfants.

Très vite, je suis revenue vivre à Lyon et nous avons habité rapidement ensemble. Enfin, je me suis installée chez lui.

Lui est de confession catholique, moi juive. C'était quelque chose qui compliquait notre relation pour ma famille, d'où le fait que je me sois installée chez lui. Je n'avais pas le choix à vrai dire... Passons les détails, je pense que vous avez compris.

J'ai donc travaillé à nouveau dans la restauration mais pas question de retourner chez Flunch maintenant que nous étions ensemble. Je ne me serais jamais sentie à l'aise.

J'avais 20 ans et cette envie de devenir mère devenait viscérale. J'y pensais souvent mais je ne disais rien, je ne voulais rien brusquer, je voulais faire les choses dans l'ordre. Et puis 20 ans c'est jeune ! Et plus j'y pensais, plus mes projets professionnels passaient au second plan.

Je prenais la pilule et c'était très bien ainsi.

J'étais ravie, je venais de signer mon CDI dans un restaurant que j'aimais bien et où tout se passait bien. C'était l'idéal. J'étais en couple dans un nouvel appartement (nous avions déménagé entre-temps) et j'avais un travail. J'étais heureuse ! Enfin !

Quelques mois plus tard, un matin, je me suis sentie différente, j'avais un léger retard de règle mais cela ne m'inquiétait pas : je prenais la pilule et je n'étais pas réglée comme une horloge depuis l'adolescence.

Plus les jours avançaient et plus j'étais fatiguée.

J'ai fait un test de grossesse par acquit de conscience mais j'étais persuadée que ce n'était rien.

Seule, assise sur mon lit, j'attendais la réponse.

Quand j'ai lu le résultat, je ne savais pas s'il fallait que je sois heureuse ou pas. J'étais enceinte !

J'ai été envahie d'une peur panique : oui, je désirais un enfant mais là c'était concret et ce n'était pas prévu, pas tout de suite du moins.

J'étais sûre en plus de ne pas avoir oublié ma pilule mais je ne la prenais pas à heure régulière avec le boulot et il m'arrivait de la prendre après le service…

Nous sommes en février 2010, j'ai 21 ans et je suis enceinte. Je ne sais pas comment le dire à Julien.

Je lui ai dit quand il est rentré le soir. Pas de mise en scène, rien. Je lui ai tendu le test de grossesse. J'ai rien trouvé d'autre que de lui dire, j'étais bien trop angoissée.

Nous avons mis quelques jours à comprendre ce qui se passait et puis, nous étions heureux. Nous allions accueillir ce bébé à deux.

Notre entourage a mis du temps à accepter l'idée que nous allions être parents, au-delà de mon jeune âge il y avait aussi le fait qu'on était en couple depuis moins d'un an.

Sur le coup, j'étais vexée mais maintenant, avec mon regard de maman, je peux comprendre l'angoisse qu'ils ont dû ressentir.

Nous y étions. J'allais devenir mère et cela m'angoissait terriblement, j'étais heureuse mais je dois le dire, flippée. La moindre douleur, la moindre petite chose que je ressentais dans mon corps me faisait peur.

Je me disais que ce bonheur ne pouvait pas rester, que quelque chose allait se passer ; au premier trimestre j'avais peur de la fausse couche, alors quand un matin je me suis rendu compte que je perdais du sang, ce fut la panique.

C'était un décollement placentaire. J'ai été mise en arrêt maladie car je devais me reposer pour éviter de perdre ce bébé que je désirais tant, mais être en arrêt quelques mois après avoir signé un CDI. Je vous laisse imaginer la réaction de mon employeur.

Ce fut assez compliqué et finalement, j'ai quitté l'entreprise pour pouvoir vivre ma grossesse le plus sereinement possible.

Après le premier trimestre, j'étais un peu plus rassurée ; nous avons appris assez tôt que nous attendions une fille et comment vous dire : nous étions aux anges ! Même si un garçon m'aurait autant fait plaisir, j'étais ravie de nous imaginer avec une petite fille.

Plus la grossesse avançait et plus je commençais à me rendre compte que je changeais. J'avais plus les mêmes attentes que mes amies, j'étais également en décalage mais ce décalage me plaisait : j'avais enfin le sentiment d'être à ma place, d'être là où je devais être, même si je savais qu'après cette grossesse il allait falloir que je me reprenne en main niveau professionnel. J'étais dans ma bulle de bonheur qui me faisait du bien et c'est tout ce qui comptait.

J'ai donc passé les derniers mois de cette grossesse en totale osmose avec Julien et surtout avec mon corps. J'étais heureuse de voir ce ventre s'arrondir, d'ailleurs pour être complètement honnête, je n'attendais que cela : j'avais cette envie de crier au monde mon bonheur !

Et puis un soir d'octobre, un mois avant la date de mon terme, je me souviens avoir réveillé Julien en lui disant : « J'ai mal à l'œil, il faut qu'on aille à l'hôpital. » Autant vous dire qu'il m'a prise pour une folle !

En réalité je faisais une chute de tension mais cela je ne l'ai su que plus tard.

On se rend donc à l'hôpital, Julien pas du tout convaincu, mais nous y allons quand même.

Arrivés sur place, la sage-femme me prend également pour une dingue mais elle me dit : « On va faire un monitoring maintenant que vous êtes là. »

Révélation au monitoring ; j'avais de fortes contractions que j'ai commencé à sentir quand je les ai vues à l'écran : fou le corps humain car je ne sentais rien avant et pourtant le col commençait à se dilater un peu également ; le médecin décida donc de me garder pour la nuit pour voir l'évolution de la situation.

La nuit fut horrible !!!! J'entendais une femme hurler depuis ma chambre, pour une jeune femme pas encore maman, je vous assure que c'était l'angoisse.

À la fin de cette nuit, je pensais rentrer à la maison car je n'étais qu'à 36 SA et je pensais que ce que j'avais vécu la veille était une fausse alerte mais après vérification du col, la sage-femme m'annonçait que j'avais fissuré la poche des eaux pendant la nuit, je ne m'étais rendu compte de rien.

Je sentis l'angoisse monter en moi, j'allais donc accoucher dans les prochaines heures mais je n'étais pas prête ; nous n'avions pas terminé nos achats pour le bébé et puis je n'étais tellement pas prête que je n'avais même pas senti la poche se fissurer : est-ce que j'allais être une bonne mère ? Est-ce que ce bébé n'allait manquer de rien ? Est-ce que j'en étais capable ? Toutes ces questions que je ne me posais pas enceinte mais qui d'un coup me paraissaient fondamentales.

Nous allons attendre 24H supplémentaires que le travail s'enclenche mais rien, et la petite finit par se fatiguer donc son rythme cardiaque ralentit. Ma gynécologue, que j'aimais tant d'ailleurs, prit la décision de faire une césarienne en urgence. Elle prit quand même le temps de nous expliquer ce qui allait se passer et quelques minutes après : le 26 octobre à 16H41, notre fille Shirel faisait notre bonheur ! Elle était là, dans nos bras, nous étions parents, j'étais mère !

Je me souviens que lorsque nous sommes remontés dans la chambre, nous avons passé la nuit entière à la regarder dormir ; elle était si paisible et nous nous étions amoureux d'elle mais angoissés à l'idée qu'il lui arrive quelque chose, comme je pense beaucoup de nouveaux parents.

Nous sommes restés 8 jours de plus à la maternité, le temps que je me familiarise avec mon nouveau rôle et que je me remette de la césarienne.

Je ne savais pas si j'avais envie d'allaiter et les sages femmes m'ont mis une pression énorme pour que je le fasse. J'ai donc tenté l'expérience mais de retour à la maison, c'était compliqué. C'était en 2010 et on m'avait dit qu'il fallait que je l'allaite uniquement toutes les 3H, chose que je sais maintenant : c'est une erreur, c'est sûrement d'ailleurs cela qui fait de cet allaitement un échec.

Donc de retour à la maison, Julien a repris le travail après ses quelques jours de congé de paternité et moi, je passais mes journées en tête-à-tête avec ma fille. C'était agréable, j'ai eu un joli postpartum pour cette première grossesse mais la question du travail est vite revenue au premier plan, je me demandais ce que j'allais faire.

Je ne voulais pas retourner dans la restauration à cause des horaires du soir, c'était beaucoup trop contraignant avec un bébé ; et puis il fallait également trouver un mode de garde pour Shirel.

Aux six mois de Shirel, j'ai trouvé un emploi en tant que vendeuse dans un magasin de lingerie, et nous avions une nounou ! Ce n'était pas le job de mes rêves a priori mais j'étais contente de pouvoir travailler à nouveau. Rester à la maison à attendre Julien était devenu compliqué même si j'adorais passer du temps avec ma fille.

Une nouvelle routine s'était installée pour mon plus grand bonheur.

Et finalement la vente me plaisait bien, j'avais l'envie à ce moment-là d'évoluer dans ce métier d'ailleurs.

Ce travail m'a permis de rencontrer des gens et d'avoir une vie sociale un peu plus remplie, je faisais cohabiter mon rôle de mère et de jeune femme et c'était ce dont j'avais besoin à ce moment-là.

En 2012, j'ai changé d'enseigne et j'ai eu l'opportunité de faire l'ouverture du magasin et d'un nouveau centre commercial à Lyon. Je trouvais cela intéressant pour ma vie professionnelle. Je suis restée dans l'univers de la lingerie car j'aimais beaucoup ce sentiment d'aider des femmes à se sentir bien dans leurs corps.

Nous étions heureux à 3, Shirel avait deux ans et demi et la question du deuxième commençait à nous trotter dans la tête.

Mais comment être sûrs que c'était le bon moment ? Et puis, pouvons-nous aimer autant un deuxième qu'un premier ? Des questions qui peuvent paraitre bêtes mais qu'on se pose très souvent en tant que parent.

Avril 2013 : on se lance à nouveau dans la maternité ! Et je suis tombée enceinte très rapidement, au premier cycle exactement ; un pur bonheur et une vraie chance, j'en suis consciente !

J'étais heureuse et la situation était plus confortable que pour Shirel ; nous avions deux travails que nous aimions, un appartement adéquat, tout était stable pour accueillir un deuxième enfant.

Pendant la grossesse, j'avais très peur pour la relation que j'avais avec Shirel. Nous étions fusionnelles et je ne voulais pas perdre cette complicité avec l'arrivée de bébé.

Nous avons donc fait au mieux pour lui expliquer, sans en faire trop, que rien ne changera, que notre amour restera le même pour elle. C'était important aussi qu'elle soit impliquée dans cette grossesse et dans les préparations pour l'arrivée de sa future petite sœur.

J'étais aussi pleine d'interrogations sur mon rôle de mère ; bizarrement je me posais plus de questions que pendant ma première grossesse.

Vais-je arriver à m'occuper de deux enfants ? Comment faire si les deux enfants ont besoin de moi en même temps ? Vous l'aurez compris, je me pose toujours un millier de questions ^^

Pendant cette grossesse, j'ai continué à travailler, je me suis arrêtée à 7 mois car rester debout toute la journée commençait à être difficile, mais j'aimais mon travail et je ne voulais pas « abandonner » mes collègues. J'avais l'impression qu'on allait m'en vouloir si je m'arrêtais : ah cette pression de la société qui nous fait sentir à nous les femmes qu'il faut qu'on soit parfaites à tout niveau.

J'ai tout de même lâché prise pour profiter de la fin de cette merveilleuse aventure et de Shirel.

Lors de ce dernier trimestre, nous en avons profité pour aménager la chambre des filles, car oui, ce bébé est une petite sœur, nous l'avons su à la deuxième échographie ; j'étais tellement heureuse, une petite sœur pour Shirel. Je trouvais cela génial ! Je me disais qu'elles allaient être sûrement très proches et, quel cadeau d'avoir une sœur ? Une meilleure amie pour la vie !

Nous avons donc acheté un lit de princesse pour Shirel et nous lui avons fait un espace rien qu'à elle, la chambre étant suffisamment grande pour deux.

Bébé avait aussi son petit univers –même si au départ elle allait être en cododo avec nous, je trouvais cela important que nos deux filles aient leur petit coin.

Mon terme était prévu le 24 janvier 2014, et je me rappelle qu'à Noël, j'avais peur d'accoucher étant donné que j'avais fissuré la poche des eaux à 36 SA pour ma première fille ; plus tard, j'apprendrais d'ailleurs que chaque grossesse est différente et en tout point !

Nous avons fêté Noël et même le jour de l'An sans problème ! Plus la date approchait et plus cela m'angoissait, je ne voulais pas revivre une césarienne. J'avais très envie d'accoucher par voie basse et je savais que pour cela, il fallait que le travail commence seul.

Une semaine avant mon terme, j'avais rendez-vous à la maternité pour la visite du neuvième mois et toujours rien, col long et fermé.

Quelle angoisse !

Le 22 janvier, je passais la journée chez mes parents avec Shirel. Je me souviens avoir fait la sieste avec elle, chose qui ne m'arrive jamais en journée mais je me sentais épuisée, à fleur de peau.

Et dans la nuit du 22 au 23 janvier, je fus prise de contractions et je perdis un peu de sang rose, je le savais, cela débutait mais je ne voulais pas réveiller Julien et Shirel, alors je pris la décision d'attendre le lever du jour.

Je me suis levée à 7H et voilà que je perdis les eaux au milieu du salon ; je me souviens avoir été euphorique, je revois Shirel devant moi, qui ne comprenait rien de ce qu'il se passait, j'ai vite repris mes esprits en la voyant et nous lui avons expliqué que le bébé allait arriver. Je ne sais pas si elle avait compris ce qui allait vraiment en découler mais nous avons fait au mieux pour qu'elle ne s'inquiète pas et qu'elle vive elle aussi ce moment le plus sereinement possible.

Nous avons déposé Shirel chez mes parents et nous sommes partis à la maternité.

Nous étions le 23 janvier, j'avais expliqué à l'équipe soignante que je voulais absolument qu'on tente une voie basse (pas toujours simple sur un utérus cicatriciel).

Toute la journée du 23, rien ne se passait, encore une fois le même scénario, le col ne bougeait pas malgré les contractions.

Le 24 au matin, le gynécologue de garde prit la décision de faire un déclenchement par intraveineuse ; il aura fallu plusieurs injections et plus de 8H pour que le travail se mette en route ; je me souviens d'une phrase de Julien qui me fait sourire maintenant, mais qui m'a fait bondir à l'époque : « Bah alors ! C'est long là ! » Et oui, à qui le dis-tu ? C'était très, très long !
J'étais épuisée, on m'a posé la péridurale quelques heures avant la poussée pour que je me repose.

Et à 15H15, avec l'aide du gynécologue et une énorme épisiotomie, Romy vit le jour ; un bébé de 3,9 kilos arrivé le jour du terme, pile à l'heure cette petite ^^

CHAPITRE 2
MA VISION DE LA VIE QUI ÉVOLUE

Le bouleversement de la maternité.

Me voilà mère de deux enfants, ce dont j'avais toujours eu envie est là, c'est une réalité. Une réalité qui m'apaise et qui me fait grandir au quotidien.

Au moment où j'ai appris ma première grossesse, j'ai d'ailleurs su que plus rien ne serait comme avant, que mon cœur ne m'appartenait plus ; que mes pensées seraient habitées par ce petit être.

Mais cette deuxième naissance, je l'ai vécue comme une tornade, comme si je savais à l'instant où Romy est née que tout serait différent, que ça allait remettre en cause tout ce que je pensais de la vie.

À la fin du congé maternité, je me suis rendu compte que je n'avais pas du tout envie de retourner travailler : « Où était donc passé mon ambition de réussir dans la vie ? » Je me souviens qu'on me fit la réflexion : « Mais que vas-tu faire si tu prends un congé parental ? » Comme si élever deux enfants était chose aisée, comme si être à la maison n'était pas valorisant pour mon entourage. C'est bien connu, quand on s'occupe de ses enfants on ne fait rien et on est en vacances ! Enfin, c'est malheureusement ce que beaucoup pensent et même encore à l'heure actuelle, alors que c'est un travail à temps plein qui demande beaucoup d'investissement et de compétences ! Passons.

J'aurais pu faire la fille détachée de ses enfants pour garder la face devant les gens qui m'entouraient, j'aurais pu, comme beaucoup de mamans, retourner travailler aux deux mois et demi de Romy mais je trouvais cela beaucoup trop tôt ; je ne voulais pas passer à côté des premières années de mes filles, je voulais être présente pour les premiers pas, les premiers mots… Toutes ces premières fois qui ne reviendront jamais. Je trouve d'ailleurs ces mamans qui font le choix par nécessité ou envie de retourner travailler après le congé maternité tellement courageuses, j'en étais incapable et j'étais prête à faire des sacrifices pour cela sur le plan professionnel et aussi financier.

Alors oui, j'ai pris un congé parental d'un an pour être avec mes filles, pour être là pour Shirel et ses séances d'orthophonistes – elle s'était mise à bégayer pendant ma grossesse et je culpabilisais déjà bien assez alors cette fois, il fallait que je sois davantage présente pour elle. Et puis pour voir grandir Romy (la première année passe tellement vite) et j'ai appris avec mon ainée que ces années ne reviendront pas, il faut en profiter de suite, il n'y a pas de marche arrière possible.

Nous avons donc vécu une année enrichissante, même si oui, sur plusieurs aspects, le passage de 1 à 2 enfants fut assez compliqué pour moi. Shirel était assez jalouse et elle me le montrait, Julien travaillait beaucoup, j'étais donc souvent seule. Je me souviens que je passais régulièrement les samedis chez mes parents, pour voir du monde mais aussi pour me sentir épaulée. Parce que oui je désirais plus que tout rester auprès de mes filles mais je dois l'avouer, c'était épuisant moralement de se sentir seule : l'ambivalence des mamans, vous la connaissez.

Cela me permettait aussi de passer des moments presque seule avec Shirel pour qu'elle comprenne que même si son quotidien avait changé avec l'arrivée de sa petite sœur, que moi, sa maman, j'étais toujours là pour elle et surtout que je l'aimais très fort.

Mais cette année fut belle également, nous sommes partis d'ailleurs pour nos premières vacances en famille, l'été 2014, au camping de l'Espiguette, au Grau-du-Roi. Mes parents nous avaient rejoints pour quelques jours, je me souviens de cette semaine comme d'une semaine de pur bonheur.

Shirel était apaisée et heureuse, Romy était encore petite mais elle profitait de ses deux parents.

Bref, nous étions heureux.

Et puis quelques mois plus tard, il fallait reprendre le chemin du travail, je voyais bien que financièrement ce serait plus confortable pour nous 4…

Mais je décidai de reprendre à temps partiel pour commencer. J'ai donc changé à nouveau d'enseigne pour que mes horaires soient un peu plus adaptés aux filles, même si la vente n'est pas facile pour la vie de famille, surtout que Julien était directeur de restaurant à ce moment-là donc, comme je le disais plus haut, pas très souvent à la maison.

Pour Romy nous avons pris une nounou différente de celle de Shirel car malheureusement, cette dernière est décédée d'un cancer quelques temps avant que je reprenne la décision de retravailler. Cela nous avait pas mal chamboulés, d'ailleurs, heureusement Shirel avait très peu de souvenirs avec elle, j'avais tellement peur que cela la bouleverse.

Au départ je ne travaillais que quelques heures par semaine, ce qui me permettait de me remettre le pied à l'étrier tout en gérant le quotidien ; et c'était plutôt agréable.

Mais aux deux ans de Romy, on me proposa un temps complet, comment refuser ? Même si au fond je savais que cela allait être compliqué, je me disais que financièrement ce serait mieux ; que j'allais pouvoir offrir plus de choses aux filles.

Et au fond, je savais que j'allais prendre des réflexions ou des remarques désobligeantes si je refusais ; je ne voulais pas qu'on pense que j'étais fainéante ou que je ne comptais uniquement que sur Julien.

Les journées étaient donc bien remplies :

7H : Je levais tout le monde ;
8H : Je déposais Romy chez nounou et Shirel à l'école ;
9H30 : J'arrivais au travail.

Julien partait de son côté à 9H et il rentrait vers 00H. Je ne pouvais donc pas compter sur lui en semaine.

La majorité du temps je finissais entre 18H et 19H, c'était donc la nounou qui récupérait Shirel à l'école, qui gérait le goûter et qui leur donnait le repas pour certains jours.

Je me souviens d'ailleurs d'un jour de printemps où la nounou m'attendait devant son immeuble avec les filles, Shirel n'avait pas été très cool avec elle, elle avait 5 ans et se mettait à lui répondre ; je ne l'ai pas compris de suite mais avec le recul, je pense qu'elle se vengeait un peu de la situation, pas facile de ne pas voir ses parents pendant un laps de temps aussi long la journée et puis avec la fatigue de l'école, cela n'arrangeait rien. Shirel avait également du mal à trouver sa place au sein de notre famille, la naissance de sa sœur avait été une « épreuve » pour elle, je pense qu'elle a pensé qu'on allait moins l'aimer…

Ce soir-là, j'ai beaucoup réfléchi après avoir couché les enfants, et cette question revenait en boucle : « Et si j'avais tout faux ? Si mes filles avaient juste besoin de moi et de passer du temps ensemble ? » Finalement le côté matériel n'est peut-être pas aussi important que cela...

Le samedi c'était ma maman qui s'occupait des filles et moi j'avais réussi à prendre mon mercredi !

Une sacrée organisation !

Au départ j'étais satisfaite de cette organisation, j'avais repris une vie sociale, je sortais de temps en temps le soir avec mes collègues devenus des amis ; je n'étais pas seulement une mère, j'étais aussi redevenue MOI ! Enfin ça c'était ce que je croyais, j'étais surtout devenue tout ce que je ne voulais pas pour mes enfants et j'allais en prendre conscience au fil du temps.

Je me posais des questions : « Est-ce vraiment cela la vie ? »

Faire des enfants pour ne les voir que quelques minutes le soir, un peu le mercredi et le dimanche.

Je me suis convaincue que c'était le meilleur pour nous, c'était cela pour tout le monde et il fallait que je l'accepte, de toute façon comment faire autrement ; je n'avais pas de diplôme, je n'avais fait que de la vente jusqu'à maintenant, c'était tout ce que je savais faire !

Alors je continuai, quitte à avoir une boule au ventre le dimanche soir et la gorge nouée le lundi matin.

Et puis ces questions, cette sensation que j'avais eue à la naissance de Romy me restaient en tête ? Et si « Réussir sa vie » était différent de ce que j'avais toujours pensé ?
Pas facile ces remises en question perpétuelles, cette peur de tout changer et ces doutes, mais je me dis qu'on est sûrement nombreuses à se poser de telles questions après la naissance de nos enfants.

On est en 2017 et je prends une grande décision !

Je suis à l'aube de mes 30 ans, je me souviens avoir vu un reportage sur les reconversions professionnelles et là, Déclic ! C'est possible !

Je me suis donc lancée dans une formation à distance pour obtenir le CAP « petite enfance » (à l'époque il s'appelait ainsi).

Je trouvais que cela me correspondait, j'aimais les enfants, le monde de la petite enfance, autant en faire mon métier.

Parallèlement, je commençais à partager davantage sur les réseaux sociaux avec d'autres mamans, on parlait de maternité mais aussi de mode, de beauté ; c'était une jolie échappatoire les jours où je doutais de moi et de ce projet. Je me sentais soutenue et surtout j'avais en face de moi des femmes qui me comprenaient et qui pour certaines vivaient sensiblement la même chose.
Et surtout je n'avais aucune attente, je partageais pour partager, quelques-uns de mes proches ne comprenaient pas l'utilité de discuter sur les réseaux mais moi j'y voyais que du positif.

En même temps, nous décidions avec Julien de nous marier, oubliez la belle demande en mariage, c'est moi qui lui demandai – en pyjama devant la télé ^^ C'était assez comique je dois le dire, mais je ne savais pas du tout comment faire pour lui en parler car ce n'était pour lui, à la base, qu'un simple morceau de papier. Ayant des parents divorcés, je pense que pour lui le mariage n'était pas gage de réussite mais moi, je crois que j'avais besoin de cela pour souder encore plus notre famille, enfin avec le recul j'en suis même certaine.

Alors voilà, cette année 2017 fut riche en projets : un nouveau départ professionnel et un mariage !

Pour pouvoir faire mes stages en crèche et en école maternelle, je décidai donc de quitter mon emploi. C'était un sacré pari sur l'avenir mais j'avais besoin de cet acte définitif pour tirer un trait sur ces années de vente ; parce que même si j'adorais l'univers de la mode ainsi que le contact client, je savais que je ne voulais plus de cette vie pour moi mais aussi pour ma famille ; et dans mon caractère je suis quelqu'un d'entier, je ne sais pas faire les choses à moitié, j'ai besoin d'être investie à 100 % pour que cela ait du sens à mes yeux.

Je ne voulais plus rentrer tard le soir et n'avoir que quelques minutes avec mes enfants, je ne voulais plus travailler les samedis, les jours fériés, les veilles de fête… Ce n'était plus pour moi !

Juillet 2017 :

Nous nous sommes mariés avec 50 invités, un mariage en comité restreint, dans un lieu magnifique, mais qui nous correspondait tellement.

C'était un petit manoir aux alentours de Lyon avec un parc arboré pour pouvoir faire une cérémonie laïque : un de mes rêves depuis que je suis enfant.

Nous avions mis en place des chaises blanches avec une Houppa (une arche à 4 pieds). Étant de confession juive, il était important pour moi que certaines de mes traditions apparaissent au mariage tout en faisant cohabiter les traditions de Julien, qui lui, est de confession catholique. Notre mixité est une force depuis le début de notre relation et nous voulions la mettre en avant. Cela n'avait pas toujours été simple pour nous à cause de cette différence mais on en était ressortis plus fort !

Shirel et Romy étaient aux anges, elles ont participé à ma préparation avec ma maman, ma sœur et mes témoins. Un joli moment fort en émotions, je me souviens de leurs grands yeux écarquillés quand elles m'ont vue pour la première fois en robe de mariée, ce n'était pas la robe pleine de froufrous comme elles l'imaginaient mais elle fit tout autant son effet.

Je leur avais choisi des robes identiques qui rappelaient la mienne, avec une couronne de fleurs fraiches sur les cheveux : elles étaient sublimes ; ce moment fit partie des moments que j'aimerais revivre encore et encore tellement il m'a marqué !

Et puis plus que tout : nous étions une famille, nous l'étions déjà mais je ne sais pas, ce jour-là tout était plus fort, rien ne pouvait nous arriver maintenant.

Personne ne pouvait dire le contraire, nous étions tous les 4 unis par l'amour et par des liens très forts.

Septembre 2017: Le quotidien reprit, avec en premier plan ma reconversion, il fallait que je réussisse !

Mes cours se passaient bien, j'étais heureuse ; je m'occupais des filles également j'avais plus de temps pour être avec elles. C'était de nouveau moi qui les déposais à l'école, à la danse, j'étais présente quand elles étaient malades... J'étais redevenue leur maman complice, j'aimais nos moments entre filles et elles me le rendaient bien. Nous allions souvent au parc de la Tête d'Or pour pique-niquer entre filles, se balader, faire de la balançoire... Des moments de partage simples mais qui m'avaient tellement manqué. Je pouvais même, quand l'occasion se présentait, les accompagner aux sorties scolaires, nous sommes allées à la ferme avec Romy et au musée de la préhistoire avec Shirel. Je sais que ce genre de moments marque les enfants alors je suis heureuse d'avoir pu le faire pour chacune de mes filles.

Du côté de Julien, plus les mois passaient, plus il se lassait de son poste de directeur de restaurant ; à lui aussi, le quotidien et ses horaires lui pesaient.

Je ne pouvais que le comprendre, partir à 9H et rentrer à 00H, 6 Jours sur 7, était fatigant et tellement pas gérable avec une vie de famille. Il était triste de ne pas voir grandir les filles et de passer à côté de jolis moments comme le réveillon de Noël ou la fête des pères...

En parallèle, nous nous posions la question de déménager ; les filles grandissaient, l'appartement commençait à être petit et nous avions besoin de prendre le large, de voir autre chose.

Julien prit donc la décision de chercher du travail, tout en gardant son poste au départ, dans toute la France ! Nous étions prêts à vivre une nouvelle vie. Un vrai challenge pour nous de partir vivre loin de la famille mais nous avions besoin de nous réaliser seuls.

Décembre 2017 :

On approchait des fêtes de fin d'année, je finissais mon premier stage en crèche ; j'étais d'ailleurs tombée en amour pour un petit garçon de deux mois, moi qui n'avais pas de garçon, je le trouvais tellement mignon et attachant, je me débrouillais souvent pour m'en occuper.

C'était une micro-crèche aux inspirations Montessori. Je me souviens avoir appris beaucoup de choses concernant le développement de l'enfant, ce stage avait été une chouette expérience et j'en garde encore de superbes souvenirs et des compétences que je n'aurais pas pu développer sans.

Un autre chamboulement

Un matin, j'ai été prise de violentes douleurs aux ovaires. Je n'avais plus de moyen de contraception car j'avais enlevé quelques semaines auparavant mon stérilet qui avait provoqué une infection ; je n'avais plus mes règles alors je fis un test de grossesse qui s'est avéré positif, mais je savais au fond de moi que quelque chose clochait.

Le lendemain, je commençai à perdre du sang, et les douleurs s'intensifiaient.

Je pris la décision d'aller aux urgences gynécologiques.

Pour eux, je n'étais pas enceinte, malgré la prise de sang, car à l'écran on ne voyait rien !

On me fit venir plusieurs fois pendant 3 semaines avant de me diagnostiquer une grossesse extra-utérine : l'embryon était dans la trompe gauche.

Je me rappelle, on me l'a dit froidement : « Madame, c'est une grossesse extra-utérine, il va falloir qu'on envisage une injection de Méthotréxate. » J'étais sonnée; tellement que je demandai si c'était possible de déplacer l'embryon de la trompe dans l'utérus. On me répondit toujours sans aucune empathie que « non ».

On était le 24 décembre, Julien devait absolument travailler. Je me rendis donc seule, en larmes, dans le service pour que les infirmières m'injectent ce produit qui allait détruire cet embryon. Cette grossesse n'était pas désirée mais j'avais mal dans ma chair, je me sentais terriblement seule et triste que mon corps n'ait pas réussi cette fois-là, c'était de ma faute.

Arrivée dans le service, toujours en pleurs, je donnai le papier qui donnait les instructions à l'infirmière, et tel un robot, elle me demanda de m'installer en salle d'attente.

Quelques minutes après, elle revint me chercher ; j'étais seule avec elle dans une petite pièce, il y avait un bureau, une chaise, un brancard.

Elle me demanda mon nom, mon prénom, ma date de naissance et mon poids.

Elle me pria d'enlever mon jean, debout, et de me baisser pour qu'elle puisse faire la piqûre. Sans un mot, je fis ce qu'elle me dit : je sentis le produit passer, les larmes de douleur, mais surtout de tristesse, coulaient.

Elle me demanda de me rhabiller, me déposa dans une chambre en me disant qu'il fallait que je reste 3H ici pour qu'on puisse être sûrs que je ne fasse pas d'allergies.

Je suis restée seule ces 3H dans cette chambre, la vieille de Noël. Personne n'est venu me voir, personne ne m'a demandé si j'allais bien. C'était dur, un sentiment encore douloureux même plusieurs années après.

Le 26 décembre, je recevais 15 personnes à la maison et je fis comme si de rien n'était – même si j'étais encore très mal – mais mes filles avaient le droit de passer un Noël en famille, elles ne devaient pas supporter la peine que moi j'avais ; mon entourage n'avait pas conscience de la douleur que j'éprouvais : pour eux ce n'était qu'un embryon, pour moi c'était mon bébé que je perdais.

D'ailleurs, je crois que ce jour-là, personne ne m'a demandé comment j'allais réellement, tout le monde a pris soin de faire comme si rien ne s'était passé.

Ils ont sûrement voulu bien faire mais au fond, je souffrais énormément de la situation, je venais de perdre « mon bébé » et j'avais l'impression que ce que je ressentais, moi, en tant que femme, venait après la fête de Noël.

Je me souviens d'ailleurs d'une phrase d'un de nos proches, lors d'un repas quelques jours avant, avant le diagnostic : « Oh mais c'est Noël, tu pourrais faire des efforts ! » Phrase qui m'a littéralement marquée et qui, quelques années plus tard, encore me fait mal… Comment peut-on demander à une femme de faire des efforts alors qu'elle sait au plus profond d'elle ce qui est en train de se jouer dans son corps, son intimité, sa vie…

Une semaine après le 31, lors de la visite de contrôle, on se rendit compte que l'embryon était toujours là. On m'injecta donc à nouveau ce fameux produit, et par chance, je suis tombée sur une infirmière un peu plus agréable qui était peinée pour moi et qui était plus compatissante à mon égard.

Cette dernière injection a marché, mais moi j'étais fragilisée.

Je me suis donc mise à fond dans mes cours et dans mon deuxième stage pour oublier cette épreuve que je venais de vivre.

En février 2018, Julien trouva du travail à Toulouse, nous allions déménager et cette nouvelle me mit du baume au cœur, ce projet arrivait au bon moment.

En juin 2018, je passais mon CAP quelques jours avant de déménager ; c'était quelque chose qui me stressait d'ailleurs, de devoir gérer de front tout ça, mais je savais que c'était pour le meilleur.

Les épreuves se sont plutôt bien passées, sauf une ou j'étais sûre d'avoir tout raté, pas le temps de m'apitoyer sur mon sort : le 25 juin c'était le grand jour ! On repartait à zéro à 4 à Toulouse !

Un déménagement qui fait du bien.

Nous avons élu domicile à 20 minutes de Toulouse dans une petite maison avec un jardin.

Une nouvelle qualité de vie, bien meilleure qu'à Lyon où nous vivions en appartement. Les filles avaient de l'espace. L'école n'était pas loin et le quartier familial et assez calme.

On a passé l'été à 4 ; nous avons pris le temps d'aménager notre nouveau cocon pour nous sentir bien. Nous visitions Toulouse et ses environs — c'est une ville pleine de charme, différente de Lyon, mais on s'est sentis tout de suite à l'aise et en phase.

Les filles ont fait leur rentrée chacune dans leur nouvelle classe : Shirel en CE2 et Romy en moyenne section de maternelle. Un peu d'appréhension comme pour chaque nouveauté mais elles ont très vite repris leurs marques.

Quant à moi, très vite je me suis rendu compte que travailler en crèche allait être compliqué, il y avait peu d'offres d'emploi.

J'ai donc pris la décision de demander mon agrément d'assistante maternelle, je me disais que c'était une chouette alternative pour travailler tout en gérant le quotidien pour les filles.

J'ai eu assez vite rendez-vous avec la puéricultrice du secteur où j'habite et tout est allé très vite, j'ai eu mon agrément plutôt facilement, je pense que le fait que j'aie obtenu le CAP avec une moyenne de 15 était un avantage ; la maison était neuve, donc aux normes de sécurité, pour accueillir des enfants.

Ce nouveau départ me faisait du bien, à moi, mais aussi aux filles et à Julien.

Mais je le savais, il me manquait quelque chose ; la grossesse extra-utérine que j'avais vécue fin 2017 avait laissé des traces.

CHAPITRE 3
LA FAMILLE S'AGRANDIT

La grossesse extra-utérine qui redistribue les cartes.

Plus le temps passait et plus cette sensation de ventre vide refit surface. C'est quelque chose qui est commun après un accouchement et j'avais cette même impression, un sentiment d'inachevé.

Je me sentais vide et seule, et pourtant j'étais entourée de ma famille, nous avions des projets mais ce mal-être grandissait en moi.

Je pense, avec le recul, qu'inconsciemment, qu'en m'éloignant de Lyon j'allais oublier ce moment de ma vie, que j'allais passer à autre chose mais c'était tellement douloureux... Comme une plaie béante qui ne se refermait pas.

Et puis je m'en voulais d'être mal, de penser à ce bébé alors que j'avais deux filles en bonne santé à côté de moi, mais c'était plus fort que tout. Il m'arrivait souvent d'imaginer notre vie à 5, de rêver de ce bébé perdu, de notre vie, de ce qu'elle aurait été avec un enfant en plus. De plus, je culpabilisais énormément de me sentir ainsi pour ma famille mais aussi pour toutes ces femmes qui, elles, ne pouvaient pas avoir d'enfants du tout…Je vivais un deuil dans mon cœur et ma chair.

J'essayais alors d'être raisonnable et de me dire que ce n'était pas le moment et que j'avais tout pour être heureuse. Je me persuadais que c'était sûrement arrivé pour de bonnes raisons, même si j'avais énormément de mal à en trouver des valables.

Et puis il fallait que j'avance au niveau de ma vie professionnelle, je venais d'être diplômée, c'était positif ! Il fallait que j'en fasse quelque chose ! Je ne voulais pas qu'on pense que j'étais fainéante, ce n'était pas le cas du tout d'ailleurs, j'avais très envie de m'épanouir professionnellement. C'était ma chance et mon moment, il fallait que je les saisisse.

Je me souviens de ce jour de septembre où j'ai rencontré des parents et leur bébé pour que je devienne leur assistante maternelle, une petite fille adorable.

L'entretien se passa très bien, j'étais sûre de moi, de mes compétences à m'occuper d'enfants mais je ne l'ai dit à personne, même pas à Julien, même si ce rendez-vous m'a bouleversée. Rencontrer cette petite fille, ce bébé, m'a encore mise devant le fait que, moi, j'avais perdu MON bébé. Comment pouponner sereinement un enfant qui n'est pas le nôtre quand cela nous rappelle ce qui nous fait souffrir ? Même si dans le cadre du travail, pouponner n'est pas le terme exact, pour moi je le voyais ainsi. J'étais perdue entre le fait de vouloir bien faire et mes sentiments qui me tordaient l'estomac.

Alors j'ai trouvé toutes les excuses possibles pour ne pas signer ce contrat, c'est bête ! Avoir fait tous ces efforts pour obtenir un diplôme, changer de voie, et au final tout saccagé. Je me sentais nulle mais à ce moment précis j'avais juste envie d'être sous ma couette et d'y rester.

J'ai décidé de dire ce que je pensais à Julien, de lui ouvrir mon cœur ; je lui ai dit que j'avais mal et que j'avais besoin de temps pour digérer. Lui pensait que cette histoire appartenait au passé mais il a finalement compris.

Et puis on a discuté d'avoir un troisième ou non, lui était bien dans son nouveau travail, il n'était pas fermé à l'idée, chose qui m'a surprise d'ailleurs car j'étais sûre que ses deux filles lui suffisaient.

C'était début septembre 2018, quelques semaines après j'étais enceinte.

Je l'ai d'ailleurs très vite senti mais j'avais une boule d'angoisse : « Et si je faisais à nouveau une grossesse extra-utérine ? »

J'ai tout de suite appelé une clinique en expliquant mes antécédents pour avoir un rendez-vous assez vite et heureusement ce fut le cas. À 6 semaines d'aménorrhée, j'ai eu un rendez-vous avec un gynécologue pour voir si la grossesse était bien placée et si elle pouvait continuer.

C'était un mercredi ; je me souviens qu'on y a été avec les filles, tous ensemble, on leur avait expliqué la veille, elles avaient vécu la grossesse extra-utérine avec moi quelques mois auparavant, il était donc naturel de leur expliquer avec des mots appropriés, et puis je voulais qu'elles soient impliquées dans la décision d'agrandir notre famille.

Très vite, le gynécologue m'a rassurée en me disant : « Tout est OK, je vois un début de grossesse dans l'utérus. »

Nous sommes donc repartis sereins et prêts pour une nouvelle aventure !

J'ai pris du coup la décision de ne pas prendre d'enfant en garde pendant la grossesse et de me consacrer aux filles et à ce bébé. Et puis, vis-à-vis des parents qui allaient me confier leur bébé, je trouvais cela plus honnête.

C'est à ce moment-là que j'ai commencé à partager davantage sur mon compte Instagram, je parlais de maternité, parentalité et cela me rassurait de voir que je n'étais pas seule à vivre certaines choses ; je me sentais « utile » car je partageais mes expériences avec de jeunes mamans : c'était un vrai partage et c'est ce qui m'a beaucoup plu ! D'ailleurs, à l'heure où je vous écris et malgré le fait que la création de contenu soit devenue mon métier, le partage c'est ce qui m'anime le plus, je suis fière de cette communauté de femmes qui s'aident si besoin et de nos échanges quotidiens ^^

Revenons à nos moutons : j'étais donc enceinte de mon troisième enfant et nous étions sur notre petit nuage.

Les premiers mois ont été tout de même éprouvants, avec des vomissements à répétition toute la journée, je vomissais une dizaine de fois par jour et à tout moment. C'est quelque chose que je n'avais jamais connu pour les filles, pour mes deux premières grossesses c'était uniquement matinal et cela partait assez vite.

Mais paradoxalement, le fait de vomir autant me rassurait, on dit souvent que les nausées et vomissements sont signe de bon développement du fœtus, je ne sais pas si c'est réellement le cas mais à ces moments-là, je m'accrochais à ça.

Mis à part cela, la grossesse se déroulait à merveille, nous avons appris assez vite que c'était un petit garçon ; j'étais tellement heureuse, un petit prince après nos deux princesses c'était la cerise sur le gâteau comme on dit ^^

Pour l'annoncer aux filles, j'avais acheté des ballons spéciaux avec des confettis bleus à l'intérieur, l'idée était de faire une petite vidéo d'elles pour pouvoir l'envoyer à nos proches pour qu'ils découvrent également le sexe de bébé de la même manière. Étant donné que nous étions loin de notre famille, c'était une solution qu'on trouvait originale pour les impliquer dans cette grossesse.

Et bingo ! Cette vidéo est un de nos plus beaux souvenirs : je me souviendrai toujours de l'explosion de joie de Romy en criant « C'est un garçon, c'est un garçon !!! » Magique !!! C'est un moment qui me met toujours le smile, rien que de vous l'écrire, je souris bêtement face à mon ordinateur ^^

Shirel avait réagi de manière discrète mais j'ai vu dans son regard qu'elle était très heureuse.

Je me souviens que, quand même, pendant cette grossesse je me suis posée des questions, deux grandes questions : « Est-ce que j'allais savoir faire avec un garçon ? » ET « Romy aura la place du milieu, est ce que cela sera simple pour elle ? »

Cette place que tout le monde diabolise était elle aussi dure à vivre ; plus l'accouchement approchait et plus j'y pensais, même si j'avais confiance en mon rôle de mère, je savais qu'un bébé prend énormément de temps et qu'on peut très vite se laisser déborder, surtout les premières semaines.

Pour la petite anecdote, j'avais confectionné des « boites à grande sœur » pour offrir cela aux filles à la maternité, je me disais que cela pouvait les aider à appréhender cette nouvelle vie –surtout pour Romy qui avait vécu 6 ans en étant la petite dernière et qui allait laisser sa place finalement.

Nous avons également fait une baby shower avec des amies, c'était quelque chose qui me tenait à cœur et puis c'était l'occasion de voir des copines que j'avais un peu perdues de vue avec la distance, et de passer un bon moment tous ensemble.

Pour la petite anecdote, j'avais lancé des pronostics en ce qui concerne la taille, le poids… du bébé. Les filles ont participé, elles étaient heureuses et c'était encore un bon moyen de les inclure dans cette grossesse ^^

La fin de la grossesse arriva vite, et pour des raisons médicales, nous avons pris la décision avec ma gynécologue de faire une césarienne programmée. Ce n'était pas du tout du confort comme certains peuvent le penser, je le précise car j'avoue ne pas comprendre ce terme, une césarienne reste une opération chirurgicale, il faut le garder en tête. Dans mon cas j'aurais préféré accoucher par voie basse mais le risque qu'on bifurque en césarienne d'urgence était trop grand donc nous avons pris les devants ; pour avoir vécu une fois l'urgence je ne voulais pas du tout vivre cette situation à nouveau.

Je suis donc rentrée à la clinique la vieille, j'ai dormi seule, je me souviens avoir fait pleins de vidéos de mon ventre pour garder un maximum de souvenirs. J'arrivais pas à dormir alors je parlais à mon bébé, je lui expliquais ce qui allait se passer ; je trouvais cela important de lui dire même si cela peut paraitre ridicule pour certains…

Le matin du 7 juin 2019, Julien me rejoignit assez tôt, il avait le droit d'assister à la césarienne et cela me rassurait, pour Shirel il n'avait pas pu être là et cela avait été douloureux.

La césarienne se passa très bien. Pour la petite histoire, j'avais été aidée par une sage-femme, adorable L. qui faisait partie de mes abonnées sur les réseaux, je me souviens de sa gentillesse et de son super sourire ^^

Je n'ai malheureusement pas pu voir mon petit cœur de suite car il a eu du mal à respirer à la naissance et moi je devais impérativement être surveillée en salle de réveil. J'y suis restée 3H car j'ai pas mal saigné, c'était un supplice, être là, seule sur mon brancard sans avoir vu ou pu prendre dans mes bras mon bébé. Les pauvres infirmières ! Je n'arrêtais pas de leur demander l'heure tellement j'étais obnubilée par le fait d'aller rejoindre mon petit garçon et Julien ; c'était terriblement long et angoissant. Je me posais plein de questions sur l'état de santé de mon bébé même si le personnel médical essayait de me rassurer, je le savais, tant que je n'aurais pas mon fils dans mes bras, je ne pourrais pas me réjouir.

Quand j'ai enfin pu monter en chambre, j'ai trouvé Julien en train de déguster son déjeuner ^^ Lui n'était pas du tout stressé, il ne s'était pas rendu compte que j'étais restée plus longtemps que prévu en salle de réveil et c'était très bien comme cela.

Marlow dormait paisiblement, il avait été plutôt calme en m'attendant, j'avais le désir d'allaiter et j'avais qu'une envie : faire la tétée de bienvenue. Très vite, les puéricultrices me proposaient de le mettre au sein, cette première tétée fut magique pour moi et elle me confirmait que c'était quelque chose que je voulais vivre : j'étais enfin prête, je ne l'étais pas pour mes deux premières grossesses. Ne me demandez pas pourquoi, je ne saurais vous dire, peut-être qu'il avait fallu que cela chemine en moi. Et puis pour cette troisième grossesse, je m'étais pas mal informée sur l'allaitement, j'avais lu des témoignages positifs mais également négatifs, j'avais discuté de mes choix en amont également avec ma gynécologue – en qui j'avais énormément confiance ; bref, quelque chose de primordial je pense pour pouvoir appréhender un allaitement de manière sereine.

Mais je ne vais pas vous mentir, c'était magique mais douloureux, avec la césarienne et les fameuses tranchées, à chaque fois que je mettais Marlow au sein cela me provoquait de grosses contractions dans le bas-ventre et les jambes, je pleurais de douleur mais je savais pertinemment que cela n'allait pas durer, j'avais confiance.

On a passé 5 jours à la maternité à apprendre à se connaitre, à vivre des moments privilégiés. Je fais partie de ces femmes qui aiment ces moments en tête-à-tête à la clinique ; après 9 mois de cohabitation, je trouve cela important de se retrouver avec son bébé pour faire connaissance et vivre dans une mini-bulle de bonheur l'espace de quelques jours. Et c'est pour moi indispensable pour commencer à créer du lien avec bébé, enfin c'est indispensable pour moi, c'est ce dont j'ai besoin après avoir accouché.

Les filles sont bien sûr venues nous voir, elles ont d'ailleurs découvert le prénom de leur petit frère en regardant avec attention l'attache-tétine que nous avions fait faire. C'était un moment merveilleux ; les voir réunis tous les trois, voir la petite tête de ma Romy devenir grande sœur et être émue aux larmes... C'est un moment qui est gravé dans ma mémoire et qui en tant que maman m'émeut toujours quand je l'évoque.

Mes parents sont également descendus de Lyon pour rencontrer leur premier petit fils ; je ne voulais pas que ce soit le défilé dans ma chambre mais il y avait les personnes les plus importantes dans notre vie et c'était bien le principal.

Et moi je réalisais que j'étais mère de famille nombreuse, quelque chose que je n’avais pas forcément anticipé plus jeune mais j’étais aux anges.

Je dois le dire, la maternité m’avait changée et je commençais à le voir, mon avenir tout tracé que j’avais imaginé n’était pas celui qui me faisait encore rêver et qui me nourrissait.

J’allais devoir faire des choix ou du moins revoir un peu mes plans ^^

CHAPITRE 4
UNE DERNIÈRE GROSSESSE DIFFICILE

Marlow grandissait bien ; il venait d'avoir 2 ans.

Deux années qui se sont écoulées tellement vite ; deux années qui ont tout chamboulé.
Après la naissance de Marlow, j'ai continué à échanger sur les réseaux sociaux et notamment sur Instagram avec ma communauté de femmes, de mamans, et sans m'y attendre ou en tout cas sans prévoir, cela est devenu mon métier.

J'ai eu mon premier contrat en tant que créatrice de contenu en 2019 et tout s'est enchainé très vite. Je dois vous l'avouer, je ne savais pas qu'on pouvait gagner sa vie de cette manière-là ; mais une chose est sûre, je m'épanouis dans ce métier, dans ces échanges quotidiens avec VOUS mais aussi avec les différentes marques avec lesquelles je travaille. Je me nourris de tout cela, de ces échanges humains qui, je le sais, m'aident dans mon quotidien de maman mais aussi de femme.

Nous avions vécu le confinement tous ensemble et, même si en France ce n'était pas la joie, j'en garde quand même de jolis souvenirs : j'en garde quand même de jolis souvenirs : Marlow avait fait ses premiers pas pendant ce temps, nous avions des moments en famille, des instants de jeux, nous prenions le temps d'être à 5 et c'était tout ce dont on avait besoin à ce moment-là.

J'étais donc enfin pleinement heureuse dans tous les domaines et c'est naturellement en 2021 qu'on s'est posé la question avec Julien de savoir si nous voulions agrandir la famille à nouveau. J'avais 34 ans, c'était pour moi le bon moment, après cela aurait été à mon sens un peu tard concernant notre vie familiale.

Quatre enfants ce n'était pas notre idéal de vie mais nous avons cheminé et cette envie de petit dernier a fait son chemin. On savait que ça allait être notre dernière grossesse, qu'après cela notre famille serait complète.
Et puis, 4 c'est un bon chiffre ^^

Nous étions en août 2021 et nous avons décidé de laisser faire le destin.

Et puis très vite le quotidien a repris le dessus, c'était la rentrée scolaire et quelle rentrée ! Notre Shirel allait faire son entrée au collège, le grand saut ; je me souviens avoir été très angoissée à cette idée, j'avais peur de perdre ma toute petite fille, peur qu'elle me glisse entre les doigts ; je le sais, nous ne faisons pas des enfants pour nous même mais les voir grandir n'est pas toujours chose aisée. Et puis de nos jours le collège fait peur, les histoires de harcèlement scolaire sont de plus en plus nombreuses, c'est quelque chose qui m'a traversé l'esprit et rien que d'y penser me donnait la chair de poule. Je ne pourrais supporter qu'on s'attaque à ma fille, mes enfants.

Je me souviens parfaitement de cette journée de rentrée scolaire : Julien a accompagné Romy et moi j'ai accompagné Shirel au collège, j'avais les larmes au bord des yeux mais je ne lui ai rien montré. Nous avons fait une photo toutes les deux devant le collège en attendant et tout s'est passé très vite ; elle est rentrée avec sa classe et moi j'étais devenue la maman d'une collégienne, sentiment assez bizarre je dois le dire. J'essayais de me maîtriser car les autres parents étaient plutôt cools et pas du tout angoissés, ils étaient résignés à ce que leur enfant grandisse, au fond ils avaient raison…
Sur le chemin du retour, j'ai appelé ma maman – comme si du haut de mes 31ans j'avais le besoin d'être rassurée, que c'était juste une étape et que cela ne signifiait pas que j'allais perdre ma relation fusionnelle avec

ma fille. Elle me rassura comme elle pouvait, elle me connaissait bien, elle savait que j'allais finir par m'habituer, comme toutes les mamans finalement.

Arrivée à la maison, je décidai de faire un test de grossesse, je me trouvais très à fleur de peau et assez émotive (enfin, plus que d'habitude ^^)

Et puis je commençais à me connaitre enceinte.

Le résultat fut clair, j'étais enceinte, tout de suite je savais que c'était le tout début, j'allais donc attendre que Julien rentre du travail pour le lui annoncer. Il venait de se mettre à son compte en tant qu'agent immobilier donc je savais qu'il n'allait pas tarder à rentrer déjeuner. J'avais hâte, j'étais heureuse mais comme à chaque fois que j'avais appris une grossesse, j'avais un peu peur de comment nous allions gérer un enfant de plus, même si au fond je savais qu'on y arriverait car nous le désirions tellement fort !

Je n'ai pas fait de jolie mise en scène, je le lui ai dit assez rapidement et brusquement, je crois que j'avais besoin le plus vite possible qu'il le sache pour ne plus être la seule à détenir ce secret.

Il le sait, on décide ensemble de ne pas le dire aux enfants de suite et puis on décide de faire comme si de rien n'était ; je prends juste rendez-vous avec ma gynécologue pour l'échographie de datation dans quelques semaines.

Le début des ennuis…

Le lendemain, je commençais à avoir des douleurs au ventre inhabituelles, je n'ai d'ailleurs pas pu m'empêcher de penser à une fausse couche ou une grossesse extra-utérine. C'étaient des douleurs lancinantes mais supportables.

Le samedi soir, on était invités chez nos amis, j'étais heureuse d'y aller pour me changer les idées et penser à autre chose mais j'avais peur que mon amie remarque que j'étais différente et préoccupée.

On y va, on commence l'apéritif, tout se passe bien mais je n'étais pas

sereine, cette douleur en fond commençait à m'inquiéter réellement.
Et puis d'un coup, en plein milieu d'une conversation sur un voyage à venir, j'ai ressenti une violente douleur comme un coup de poignard dans l'ovaire droit ; je me suis paralysée, dans ma tête c'était la fin de cette grossesse qui avait à peine démarré.

J'ai foncé aux toilettes, voir si je ne perdais pas de sang, ma hantise comme beaucoup de femmes au premier trimestre. Rien.

J'ai rejoint tremblante mon amie dans la cuisine, je lui ai annoncé ma grossesse parce que à ce moment précis, j'avais besoin d'y croire encore ; sa réaction m'a touchée : elle m'a prise dans ses bras en me disant que c'était trop bien ; dans la foulée je lui ai dit que ça n'allait pas, que j'avais mal et que j'étais inquiète.

On est retournées sur la terrasse, j'ai pris sur moi pour finir la soirée et nous sommes partis.
Dans la voiture j'ai éclaté en sanglots, j'avais terriblement peur et en même temps je culpabilisais de ma réaction car les enfants n'étaient pas au courant, j'avais peur de les inquiéter mais me retenir était mission impossible à ce moment précis.

Arrivés à la maison, je me couchai directement en essayant de me dire que rien n'était perdu.
Mais le lendemain les douleurs continuaient, je décidai donc de filer aux urgences gynécologiques pour savoir ce qu'il se passait.

Je pleurais tellement, j'appréhendais de voir un médecin et en même temps, j'en avais besoin mais j'avais peur du diagnostic.

On me prit en charge assez vite, le médecin de garde me fit une échographie et effectivement il vit du sang près de l'ovaire droit et « une masse » pour reprendre ses termes, au niveau de l'ovaire droit, là où j'avais effectivement senti la vive douleur la veille.
Mon monde s'écroulait, il me parlait « d'injection de Méthotrexate » le jour-même car d'après lui, il fallait aller vite pour m'éviter une opération. À cet instant précis, je me suis vue quelques années auparavant et je ne pus m'empêcher de penser « Pourquoi moi ? Pourquoi encore ? »

Il décida de faire une prise de sang pour évaluer les bêta-hCG et là le taux était très bas, ce qui pour moi correspondait bien à la date de conception que j'avais en tête mais pas du tout à ce qu'on voyait à l'échographie. Je me souviens lui avoir dit « Vous êtes sûr que c'est une GEU? » Il me répondit avec aplomb qu'il n'avait aucun doute.

Je lui ai demandé d'attendre un peu avant de pratiquer l'injection car j'allaitais encore Marlow et je voulais lui expliquer que j'allais devoir ne plus lui donner le sein quelques jours après cette intervention, et avec du recul, je pense qu'au fond de moi je doutais de ce diagnostic…

Il me demanda donc de retourner aux urgences le mardi suivant, on était dimanche.

Je me souviens avoir envoyé le bilan de la consultation à une amie qui, elle aussi, trouvait des incohérences mais je me suis vite dit que c'était un médecin et qu'il savait de quoi il parlait ; moi j'étais juste pleine d'espoir.

Cette attente fut longue le lundi soir, j'avais besoin de me sentir soutenue pour la journée qui m'attendait le lendemain.

Je me confiai donc sur mes réseaux, en expliquant ce que j'allais vivre ; j'ai été envahie d'amour mais aussi de témoignages de femmes, je me sentais moins seule à vivre cela et bêtement, cela me faisait du bien. Je n'étais plus seule, j'allais me rendre à l'hôpital le lendemain avec derrière moi des dizaines de femmes qui me soutenaient et qui comprenaient cette douleur.

Le lendemain je me rendis donc aux urgences à la première heure, mon amie gardait Marlow.

Ce n'était plus le même médecin. Avant de faire l'injection, l'interne fit à nouveau une échographie ; elle ne me disait rien, vous imaginez ma tête en train d'essayer de décoder ce qu'il se tramait à travers les expressions de son visage.

Au bout de quelques minutes, elle se tourna vers moi et me dit : « Je ne vois pas la même chose que mon collègue, je vais appeler ma cheffe pour avoir son avis. » Je me suis littéralement décomposée, en une seconde l'espoir revenait.

La médecin arriva donc quelques minutes après et pareil, elle me dit : « Cela ne ressemble pas à une masse mais plutôt à un kyste paratubaire qui a explosé, d'où le sang et les douleurs. »
Elle refusa donc d'injecter dans ces conditions et me demanda de revenir 48H après. Elle m'a expliqué que j'allais revenir toutes les 48H pour faire prise de sang et échographie jusqu'à ce qu'on arrive à voir un début de grossesse dans l'utérus ou du moins que l'échographie corresponde à la prise de sang.

Je suis repartie sonnée mais pleine d'espoir.

Je ne me doutais pas que ce processus allait durer 3 semaines, 3 semaines à vivre les montagnes russes. Ce qui était fou c'est que selon le médecin que je voyais, un diagnostic différent était posé à chaque fois ; on me demandait de ne pas m'attacher à cette potentielle grossesse, de vivre au jour le jour mais en tant que maman, c'est comme si on me demandait l'impossible. Ce bébé je l'aimais déjà, je l'ai aimé dès le premier jour où j'ai appris son existence alors faire comme si tout cela n'était qu'un rêve était inenvisageable pour moi. Mes journées je les passais avec Marlow ou seule quand il allait chez nounou, j'essayais d'être au maximum dans l'action pour éviter de cogiter mais je dois avouer que c'était particulièrement difficile, l'attente est finalement la pire chose parce qu'on ne sait pas donc on ne peut pas encore faire le deuil d'une situation ou se réjouir.

Pendant cette attente longue et difficile, j'avais le soutien de deux de mes amies, M. et J., qui m'aidaient pour les enfants quand il fallait que je me rende à l'hôpital et qui plus que tout me soutenaient.
Julien était lui de son côté très discret, j'avais le sentiment que cela ne le touchait pas ou du moins peu ; il prenait énormément de recul sur la situation et attendait simplement que l'orage passe. Je dois l'avouer, j'étais en colère à certains moments car j'avais l'impression de vivre tout cela seule, seule dans ma chair. J'ai n'ai pris conscience qu'après que les hommes réagissaient d'une manière différente de nous les femmes, que finalement ils ne le vivaient pas au fond d'eux alors comment leur en vouloir…

Je discutais beaucoup avec des mamans, des femmes sur les réseaux également qui vivaient ou avaient vécu des moments similaires, des attentes angoissantes et cela m'aidait à garder le cap et à me dire ce que tu ressens à ce moment-là est OK et légitime.

Et puis ce jour arriva, je me rendis comme d'habitude – j'ai envie de dire – à l'hôpital, mais cette fois avec Marlow car personne n'était disponible pour le garder ce matin-là.

On attendit longtemps dans la salle d'attente, la prise de sang était faite et plutôt bonne, elle montrait une évolution normale et au vu du taux de bêta-hCG on était capable de voir quelque chose à l'échographie. J'étais hyper stressée car je savais que le dénouement était proche, j'essayais de ne pas le montrer à Marlow et d'être souriante. Marlow était adorable, j'étais tellement triste de lui imposer ce genre de moments et je pense qu'il captait mes émotions.

C'était à mon tour, je me souviens que Marlow pleurait car il ne voulait pas qu'on touche à sa maman. Je l'ai pris dans mes bras, j'étais allongée sur la table et la médecin me faisait l'échographie, je chantais une berceuse à Marlow tout en ayant les larmes aux yeux en regardant la médecin chercher un début de grossesse à l'écran… Le temps me paraissait durer une éternité.

D'un coup elle dit : « J'aperçois la vésicule vitelline dans l'utérus… mais pas de sac gestationnel… » Mes larmes coulaient mais je ne disais rien et dans la minute qui suivit, elle me dit « si si, c'est bon il est là ». On ne voyait pas le cœur encore, j'ai poussé un « ouf » de soulagement ! J'ai pris Marlow contre moi en pleurs et je lui ai dit « c'est bon mon amour c'est fini, on rentre ».

Je devais voir ma gynécologue une semaine après pour qu'elle constate le cœur du bébé. Pour le moment c'était normal au vu des semaines qu'on ne voyait rien. L'attente a été encore longue mais rien comparé aux semaines qui venaient de s'écouler.

Une semaine donc après le cœur battait : bébé était là ! Dans l'utérus !

Nous étions heureux, les enfants étaient au courant car avec tous mes

allers-retours à l'hôpital, impossible de le leur cacher. Nous avions préféré leur dire la vérité plutôt que de risquer qu'ils se fassent des films, surtout pour les filles qui étaient en âge de comprendre.

Autour de moi j'ai eu énormément de bienveillance de la part de ma famille mais aussi de certains de mes amis et de ma communauté sur les réseaux. Tout le monde était soulagé et heureux pour nous, c'était le début d'une aventure !

Mais très vite la joie fit place à la fatigue et aux très fortes nausées; des nausées encore plus fortes que pour Marlow, du matin au soir. Rien ne passait, je vomissais toute la journée et c'était de pire en pire. Le jour suivant était pire que la vieille.

Je me souviens un matin prendre peur car je m'étais mise à vomir du sang tellement je m'irritais la gorge ; rien n'y faisait, ni les remèdes de grand-mère ni les anti-vomitifs.

M'occuper des enfants dans cet état-là était dur, surtout avec Marlow qui avait 2 ans et demi, qui n'était pas scolarisé et qui allait chez nounou que deux fois par semaine. Le reste du temps il était avec moi.

J'ai honte de le dire mais la télévision était ma meilleure alliée ces jours–là.

Au bout d'un mois, Julien commençait à s'inquiéter de me voir ainsi et moi j'étais fatiguée, je perdais du poids. J'avais la sensation d'avoir la tête sous l'eau toute la journée.

Ma gynécologue me prescrivit un médicament plus fort pour essayer de calmer tout cela.

Ce médicament n'était pas révolutionnaire mais il m'aidait à moins vomir : j'étais passée de 20 fois par jour à max 10 fois. Il m'aidait à tenir debout surtout pour assurer le quotidien avec les enfants. J'avais mis un nom sur ce quoi je souffrais je faisais de l'« hypermérèse gravidique », une pathologie de grossesse qui touche environ 2 % des femmes enceintes. Mais au fond j'étais rassurée, bébé se développait bien lui, et c'était tout ce qui m'importait.

J'ai continué à vomir jusqu'au 5e mois de grossesse. J'ai eu quelques soucis de douleurs aux jambes dues à des varices et à une mauvaise circulation sanguine, mais rien de bien méchant.

En février je commençais à me sentir bien, je me trouvais énorme comparé à mes précédentes grossesses, mais j'allais enfin mieux.

Avec Julien on a même profité de cette accalmie pour s'offrir, pour la première fois depuis que nous étions des parents, des vacances à l'autre bout du monde en amoureux : une sorte de babymoon comme certains aiment bien dire.

Nous sommes donc partis en République dominicaine fin février, j'étais enceinte de 6 mois et demi, fatiguée mais je me sentais bien ; je crois que c'était le meilleur moment de cette grossesse. J'avais eu au préalable la permission de mon médecin de voyager, j'avais juste fait une injection dans les jambes pour réduire le risque de phlébite dû à mes soucis de varices et j'avais dû porter des collants de contention pendant tout le vol, autant vous dire que je m'en souviens encore : plus de 14H en comptant l'escale, c'était chouette, si je peux dire cela comme ça ^^

Un souvenir inoubliable, la mer des Caraïbes, l'île de Saona, ces moments à deux… Un de nos plus beaux voyages.

Et puis les Dominicains étaient adorables avec moi, aux petits soins ; j'ai compris que chez eux une femme enceinte c'était synonyme de grand bonheur !

Par contre, l'avion, enceinte pour un long courrier : plus jamais ! (mdr) Je crois que j'ai passé le vol retour aux toilettes, avec toutes les turbulences, ma peur panique de l'avion et la grossesse, c'était folklo ! Pour la petite anecdote, même le steward désespéré m'avait préparé une camomille dans l'espoir que je m'endorme !

En rentrant de ce voyage, nous avons fait quelques petits weekends avec les enfants. Je commençais à fatiguer et avoir mal au dos, quelque chose que je pensais normal en fin de grossesse surtout pour un quatrième.

Et puis en mars, un jour où je recevais des amis pour le goûter, la même amie que pour l'apéritif du début de grossesse d'ailleurs, ma maman me téléphona pour me dire qu'il se passait quelque chose de grave avec ma sœur qui était elle aussi enceinte. Elle était très fatiguée et vomissait énormément mais nous étions tous persuadés que c'était lié à sa grossesse… On avait deux mois d'écart.

Ma mère me parlait d'IRM, de masses, de cerveau… À ce moment précis je compris que quelque chose n'allait pas mais je n'ai pas de suite compris l'urgence de la situation. C'est après le goûter, en discutant avec mon amie pendant que les enfants jouaient dans le jardin, que j'ai réalisé ce que j'étais en train de lui expliquer.

J'ai eu ma mère encore plus tard dans la soirée qui me dit qu'elle se rendait immédiatement avec mon papa à Paris, ma sœur y habitait.

J'ai réussi à avoir ma sœur le lendemain au téléphone. Elle était hospitalisée, j'étais fébrile mais je ne voulais pas le lui montrer, elle avait peur pour son bébé et comment ne pas la comprendre. Elle avait une masse dans le cerveau qu'il fallait absolument retirer pour qu'elle puisse vivre ; le chirurgien était clair, il fallait agir vite.

Elle allait se faire opérer le vendredi, j'attendais le coup de téléphone de ma maman avec impatience, j'avais peur mais j'essayais de ne pas imaginer le pire.

À 19H, ma mère me rassurait en me disant qu'ils avaient survécu elle et son bébé. Un miracle que le bébé ait survécu à une telle opération.

Le lendemain, je l'ai eue en visio, je me suis prise en pleine face tout ce qu'elle venait de subir.

Elle était vivante, mais avec des séquelles. Mais elle était vivante.

Avec Julien nous décidons de prendre la route la semaine suivante pour monter sur Paris avec les enfants pour aller voir ma sœur.

J'étais à 8 mois de grossesse ; je sais que c'était pas raisonnable mais il fallait que je la voie comme pour m'assurer que tout allait mieux.

Nous avons donc fait Toulouse-Paris le samedi et nous sommes rentrés le dimanche soir ; c'était express et fatigant mais pas le choix, j'avais mon échographie le lundi matin. Nous avons passé un samedi en famille, rien de fou : un repas, un tour au parc pour dégourdir les jambes des 5 enfants, une pizza party comme si rien ne s'était passé, même si nous étions tous reconnaissants que ma sœur soit là avec nous…

J'avais de plus en plus mal au dos mais je mettais cela sur le compte de la fatigue et du stress accumulés, et puis le principal était que tout finisse bien.

Petit à petit je perdais MA mobilité…

La semaine qui suivit j'avais un déplacement sur Paris que je jugeais intéressant pour mon travail, c'était pour une marque avec laquelle j'avais très envie de travailler et je savais que si je n'y allais pas, cela serait compliqué pour la suite de notre collaboration. Le trajet aller se passa bien, je n'étais pas seule et cela me rassurait ; j'étais environ à 32 SA.

Pendant les deux jours nous avons beaucoup bougé d'événements en événements, le matin après la nuit à l'hôtel je me souviens avoir eu du mal à me sortir du lit. La douleur au dos me paralysait, j'ai bien dû mettre une demi-heure à me lever pour rejoindre les filles pour le petit déjeuner. C'était difficile mais je me disais qu'après ce séjour j'allais pouvoir enfin lever le pied. Et puis mine de rien, j'étais heureuse de pouvoir être là avec les filles alors je prenais sur moi et je donnais le change au maximum. La journée se passa plutôt bien mais le trajet en train retour fut laborieux, j'avais 5H pour rejoindre Toulouse, et pour mon dos, rester assise n'était pas l'idéal.

Julien est venu me chercher ; je suis montée dans la voiture en larmes lui disant que j'avais mal. Je n'arrivais plus à me retenir et à faire semblant que tout allait bien.

Je me suis couchée après avoir diné et profité des enfants. Heureusement qu'ils étaient là d'ailleurs, ils me permettaient sans le savoir de garder le moral.

Le lendemain, vendredi matin, je n'arrivais plus à me sortir du lit, j'étais comme bloquée, c'était pire que la veille ; j'ai eu besoin d'aide. Pour descendre les escaliers ce fut également une vraie épreuve ; j'étais même effrayée de voir que je n'arrivais plus à faire des choses simples du quotidien. Je commençais à avoir vraiment peur. La journée se passa dans le même mood, avec des douleurs constantes et une incapacité à faire des choses simples.

Le soir même je décidai donc de dormir sur le canapé, je n'avais plus la force de rien et surtout pas de monter les escaliers. Cela aurait été trop dur et je ne voulais pas encore m'infliger une frustration.

La nuit se passa. Le samedi matin, toujours pareil : je n'arrivais pas à me lever; Julien essaya de m'aider mais mon corps entier était raide, rien que de bouger d'un millimètre était douloureux, j'avais mal partout. Julien tira sur mes bras pour me mettre debout sauf que… en me relevant, la colonne craqua de bas en haut. Nous avons tous les deux entendu ce bruit de craquement qui nous a pétrifiés, un silence, et puis je ressentis une douleur tellement vive et aiguë que cela me projeta en arrière. Je suis littéralement tombée de tout mon poids sur mon canapé. Je me retrouvai allongée en boule en incapacité de me lever. Dès que j'essayais de changer de positon, de me tourner, je ressentais une douleur qui irradiait dans tout mon corps. Les enfants étaient présents, ils ont assisté à tout, je ne savais pas quoi dire ; j'essayais de garder le sourire et de les rassurer comme je pouvais, j'étais moi-même inquiète pour la suite alors ce n'était pas chose aisée. Julien finit par appeler le SAMU qui me dit de prendre un Doliprane et d'attendre… Pour eux c'était une contraction musculaire… Je dois dire qu'ils n'ont même pas cherché à comprendre ce qu'il se passait ; passons.

Au bout de quelques heures, Julien arriva à me lever mais impossible de tenir debout seule sans appui, je tombais littéralement en avant. J'ai eu très peur, je ne savais pas ce qui était en train de se passer ; mon corps ne me tenait plus ; j'étais incapable de marcher. J'étais apeurée dès que je devais faire quelques pas, je me souviens m'agripper à Julien comme si ma vie en dépendait pour aller du salon à la cuisine. C'était comme si je ne savais plus faire, je n'avais plus d'équilibre.

Vivre une perte de mobilité aussi brutale que celle que j'étais en train de vivre était physiquement compliqué mais également tellement frustrant, je ressentais un sentiment d'injustice et de chagrin atroce. J'avais également peur pour mon bébé, est ce que tout cela aurait des impacts sur lui, sur sa santé ? Je culpabilisais énormément aussi de lui faire vivre mes émotions, des émotions négatives comme celles que je ressentais en permanence. J'avais l'impression de devenir dépendante de Julien, d'être un « boulet ».

Je passais de l'hyperactivité à une sorte de néant… Je priais fort pour que cela soit uniquement passager et que mes facultés motrices réapparaissent mais au vu de la douleur lancinante, je craignais que cela soit long.

Deux jours passaient et pas d'amélioration, c'était même de pire en pire. Mon état moral se dégradait également, même si je voulais absolument être positive j'avais du mal à accepter de passer d'une pleine capacité de mouvements à une limitation aussi soudaine ; je devenais irritable et en colère contre moi mais aussi contre le monde entier : j'avais même du mal à lever les bras ou à plier les genoux, tellement invraisemblable que je décidai d'appeler la clinique dans laquelle j'étais suivie pour avoir leur avis et pour pouvoir consulter. Je savais que ce que je vivais n'était pas normal et que c'était loin d'être une simple contraction musculaire — même si je sais que cette dernière fait mal, ma perte de mobilité était bien trop importante pour que cela soit ça.

La sage-femme qui m'accueille ce jour-là était désolée pour moi, et j'ai bien vu qu'elle se sentait impuissante, elle n'avait jamais vu cela. J'ai vu en urgence une kinésithérapeute qui arrivait à peine à me toucher tellement j'étais douloureuse. Les médecins me donnèrent l'autorisation de rentrer en me donnant une ordonnance pour faire des séances avec un kiné en cabinet. Je crois qu'eux-mêmes étaient désemparés et ne savaient pas quoi faire pour m'aider.

J'ai pris rendez-vous et j'y suis allée, mais si vous saviez... Julien me déposa dans la salle d'attente ; le kiné m'a fait faire quelques exercices assise sur une chaise, il fallait que je me penche en avant. À vrai dire, il ne savait pas quoi faire d'autre, la douleur était telle qu'il n'arrivait pas à me toucher sans que cela me fasse souffrir de trop.

À la fin du rendez-vous, je me souviens qu'une patiente m'a aidée à sortir du cabinet pour rejoindre la voiture et Julien. Cette patiente était la maman d'une copine de classe de Shirel… Je me sentais diminuée et tellement nulle d'un coup, comment du jour au lendemain tout pouvait autant basculer ? Pourquoi mon corps n'était plus capable de porter la vie alors que des milliers de femmes le font depuis des décennies ? C'était comme si je me prenais une énorme claque en plein dans la figure, je me disais que c'était de ma faute, que j'aurais peut-être dû plus être à l'écoute de mon corps, plus me reposer. J'essayais de comprendre car tout cela me paraissait incompréhensible, moi qui avais déjà porté la vie 3 fois avant, jamais je n'avais connu cela et jamais je n'avais entendu ce genre d'expériences pendant une grossesse, je ne savais même pas que cela pouvait exister.

Le lendemain je retournai à la clinique ; ma gynécologue prit la décision de m'hospitaliser ; ce fut comme un soulagement au final pour moi car vivre à la maison sans pouvoir marcher, monter les escaliers, accéder à la baignoire… Des choses du quotidien qui étaient devenues des montagnes à gravir. Dès que Julien devait s'absenter pour le travail, je paniquais à l'idée de me retrouver seule avec Marlow, j'avais peur de ne pas être capable de le surveiller, de m'en occuper et qu'il arrive quelque chose… Je ne me sentais plus capable de rien. J'étais devenue inutile.

Là au moins on allait peut-être comprendre ce qui clochait, pourquoi mon corps ne me tenait plus.

Même si j'étais triste d'être séparée de ma famille, de mes enfants, peut-être que c'était le seul moyen pour un meilleur avenir.

Les médecins prirent la décision de ne pas faire d'imageries tant que j'étais enceinte, leur but était de me soulager, que je sois le moins douloureuse possible.

L'équipe de sages-femmes était adorable, elles ne comprenaient pas ce qu'il se passait mais elles étaient bienveillantes et à mon écoute. La nuit je pleurais souvent de douleur, mais aussi de tristesse et de peur, peur de rester comme cela pour toujours ; les médecins étaient persuadés qu'avec l'accouchement j'allais aller mieux. Moi j'avais peur.

La journée, j'essayais de prendre au maximum sur moi, de garder le sourire parce que je savais que dans des cas comme ça, le mental était important. Pour me déplacer j'utilisais un berceau de naissance qu'une gentille sage-femme m'avait donné, je mettais tout mon nécessaire dedans (médicaments, paquets de gâteaux, téléphone.) et j'avançais ainsi.

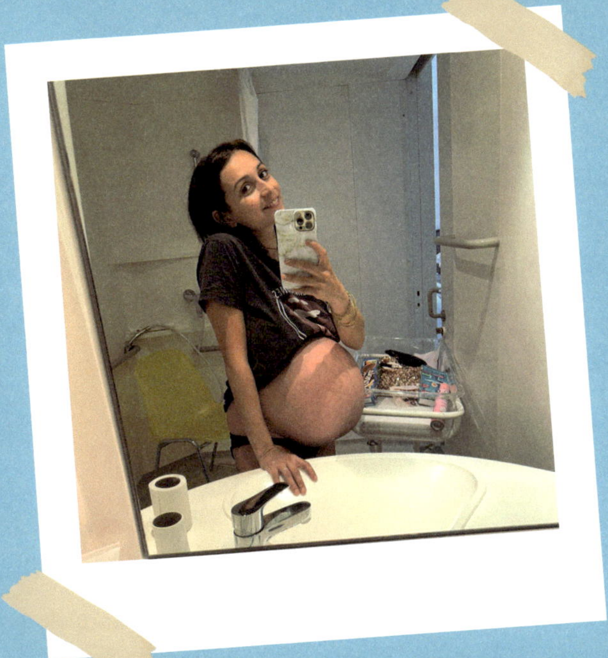

Mes principaux trajets étaient de me rendre de mon lit à la salle de bains, parce que je tenais à me laver seule ; je refusais toute aide même si on me le proposait avec bienveillance. Me faire laver aurait été insoutenable pour moi, j'acceptais uniquement de l'aide quand j'avais fini de me doucher… J'avais pas le choix, en réalité j'étais incapable de sortir de la douche seule, le sol étant mouillé j'étais terrifiée de tomber tellement mon dos et mes jambes ne me tenaient plus… Avec le recul je me dis que c'est idiot, que demander de l'aide n'est pas signe de faiblesse mais sur le moment c'était tellement dur d'être aussi diminuée. Je suis passée de quelqu'un d'hyperactif à quelqu'un qui ne pouvait plus s'occuper d'elle-même… C'est je pense ce qui m'a le plus touchée dans cette histoire, de ne plus être moi-même, de ne plus avoir le contrôle sur ma propre vie, moi qui d'ordinaire aime tout contrôler me concernant.

Mes seuls moments de bonheur étaient la visite de Julien et des enfants ; je mettais tout en œuvre pour ressembler un minimum à quelque chose : une tenue confortable mais pas un pyjama, un peu de maquillage pour avoir bonne mine, une touche de parfum… et surtout j'arborais un large sourire, c'était important pour moi que les enfants voient que malgré mes soucis de santé, leur maman restait leur maman. Je ne voulais pas qu'ils s'inquiètent et je voulais à tout prix qu'ils comprennent que tout cela était juste passager. Cela me rassurait aussi.

On passait quelques heures ensemble à discuter, à faire des dessins, à prendre le goûter… Des choses simples du quotidien qui me permettaient à moi de tenir le cap et à eux de voir que même si je n'étais pas à la maison, on pouvait continuer les mêmes choses que d'habitude, ensemble. Que finalement c'était peut-être juste le lieu qui changeait… Je leur avais donné une mission également : finir les affaires pour bébé et choisir un doudou, je me disais que les faire participer à cette naissance allait peut-être pallier un peu mon absence. J'avais un peu peur qu'ils m'en veuillent mais surtout qu'ils se mettent en tête que tout cela était la faute du bébé que je portais. Parce que moi je le savais, la seule coupable – si coupable il devait y avoir – c'était moi et moi seule.

Un soir, mon amie était venue me rendre visite avec de la pizza et des chips ! Oui, parce qu'on le sait, la nourriture de l'hôpital c'est jamais bien folichon :) Ces soirées-là me permettaient aussi de penser à autre chose qu'à mon état, on parlait des enfants, de nos projets. On aurait pu penser que c'était une sorte de soirée pyjama, vous savez comme quand vous êtes ado et que vous refaites le monde avec vos amis en grignotant. Une vraie parenthèse de bonheur ! Je ne la remercierai jamais assez d'avoir pris ce temps-là. C'était peut-être qu'une heure ou deux pour elle dans sa journée mais pour moi c'était un plaisir et honnêtement, des plaisirs j'en avais pas des tonnes…

Mon amie M. m'appelait souvent quant à elle, elle essayait de me faire rire avec des anecdotes toujours plus farfelues les unes que les autres ; c'était sa façon de me changer les idées et je dois dire que cela fonctionnait pas trop mal.

Je m'étais également rapprochée de A., une fille que je connaissais peu mais qui finalement m'aida pendant ces jours d'hospitalisation ; j'avais l'impression qu'elle me comprenait, qu'elle savait ce que je vivais. Des fois il y a des choses qu'on n'explique pas.

Je n'avais pas beaucoup d'amis, pas mal ont d'ailleurs disparu pendant cette épreuve, mais ces trois-là, heureusement qu'elles étaient auprès de moi.

On était en avril, de base l'accouchement était prévu en mai. Chaque

jour, je disais à l'équipe soignante que je n'allais pas tenir physiquement mais chaque jour elle me rassurait. « Un jour de plus est un jour de gagné » comme elles me disaient.

Ma gynécologue commençait elle à me dire : « On atteint la barre des 37 SA pour passer la barre de la prématurité et après on négocie avec les pédiatres pour avancer la date de la césarienne. » Parce qu'il fallait que les pédiatres donnent leur accord.

J'avais déjà eu deux césariennes donc pour cet accouchement, une césarienne programmée était normalement envisagée courant mai.

Mais plus on avançait, plus les douleurs s'installaient, bébé lui, allait bien ; on me tenait avec des médicaments assez forts mais bébé réagissait bien. C'était d'ailleurs le seul côté positif du moment. Chaque jour j'avais le droit à deux monitorings de contrôle, un pur bonheur d'entendre mon bébé ! Ces instants-là aussi me tenaient debout, si je peux le dire ainsi, car je me disais que je faisais tout cela pour lui, pour qu'il aille bien.

Nous ne savions pas le sexe, avec les débuts compliqués nous nous étions dit que le principal était la santé donc le sexe nous ne voulions pas savoir, et puis j'avais envie de connaitre le bonheur de la surprise. C'était d'ailleurs devenu un jeu avec les sages-femmes et puéricultrices, chacune me donnait son avis ou faisait son petit pronostic.
Pour la petite anecdote, un soir, la sage-femme de garde, pendant le monitoring, me dit « Oh ! La petite princesse va bien ! » Sur le coup je me suis dit « oh non, elle a gaffé », je l'ai même dit à Julien par téléphone. On était un peu déçus que si près de notre surprise le sexe soit révélé mais je me disais qu'elle n'avait pas fait exprès et que finalement ce n'était pas grave ; pendant mon hospitalisation le sexe du bébé n'était qu'un détail, je n'étais pas du tout focalisée dessus, à vrai dire cela ne m'importait plus.

Au risque de choquer certaines qui vont me lire, j'en pouvais plus, j'avais qu'une obsession, c'était que cette grossesse se termine, qu'enfin on puisse me soulager. J'avais tant espéré être enceinte et là j'espérais en finir ; une drôle de fin ; tellement paradoxale, avec mes sentiments de débuts de cette grossesse où j'espérais plus que tout que ce bébé soit viable.

Mais cette douleur... Elle me prenait toute mon énergie ; même si la majorité du temps j'essayais vraiment de faire face, je me demande encore maintenant comment j'ai fait. C'était une douleur permanente, je n'avais pas ou peu de répit. Je me souviens d'une nuit où j'ai littéralement craqué, on aurait dit une folle – même si je n'aime pas ce terme. J'ai appelé l'infirmière de garde, en pleurs et en vidant mon sac. Une véritable crise de nerfs, je ne supportais plus de me voir comme ça. Elle n'a rien dit mais elle est restée là, avec moi, en me tenant la main jusqu'à ce que je m'apaise et m'endorme…

Maintenant je sais que la clé, que ce qui m'a fait tenir malgré des moments difficiles, était l'amour que j'avais pour mon bébé.

Mais je veux aussi vous montrer à travers ces mots qu'il ne faut pas culpabiliser si un jour vous ressentez aussi l'envie profonde d'en finir avec une grossesse qui vous rend malade, ou pour n'importe quelle autre raison ; nous sommes des humains, nos émotions et nos ressentis sont légitimes et terriblement humains.

Quelques jours avant cet accouchement, je me suis mise dans une bulle. J'ai coupé mes réseaux et j'ai eu peu de contacts avec ma famille et mes amis, mis à part ma maman, Julien et les enfants. J'avais besoin de faire le vide autour de moi pour me préparer à ce grand jour et à cette naissance qui allait être aussi ma renaissance après toutes ces épreuves.

Ma gynécologue a eu du mal à faire accepter aux pédiatres qu'il fallait me césariser plus tôt pour mon bien mental et physique. Ils avaient peur pour bébé et je les comprends. Ils ont donné leur accord à 38 SA.

J'ai été avertie quelques jours avant.

La veille de l'accouchement, Julien est venu dormir avec moi ; je me souviens parfaitement de cette soirée, minute par minute. Il est arrivé avec des sandwiches et des desserts, il avait pris soin de prendre mes préférés car il savait, il savait que j'étais terrorisée par ce qui allait se passer.

Nous avons diné en évoquant le moins possible le lendemain, on parlait de futilités.

Ensuite, j'ai pris la fameuse douche à la Bétadine, et je me suis allongée à côté de Julien (j'avais un lit double :)).

J'ai fait une courte vidéo de ce moment pour garder un souvenir de cette grossesse qui allait se terminer ; oui, aussi bizarre que cela peut paraitre, j'ai pensé à faire cela alors que mon désir premier était d'en finir, mais je savais qu'un jour j'aurais besoin de ces images, qu'un jour je serais nostalgique de ce ventre rond et que ces images me feraient du bien.

Nous avons dormi jusqu'à environ 5H du matin, une sage-femme est venue me réveiller pour me préparer pour le bloc opératoire.

À 7H30, un brancardier est venu me chercher ; Julien a pu venir avec moi. Nous avons attendu quelques minutes devant le bloc, je pleurais déjà comme une Madeleine. Je redoutais la rachianesthésie qui se pratique un peu comme une péridurale avec une piqûre entre les vertèbres. Avec mes douleurs dans le dos, je savais que j'allais souffrir, personne jusqu'à maintenant était arrivé à me toucher le dos sans me faire mal, même les kinésithérapeutes.

Je suis arrivée dans le bloc, il y avait deux sages-femmes et une infirmière il me semble. J'ai d'ailleurs retrouvé L., qui était présente pour mon précédent accouchement, elle était elle-même enceinte et toujours d'une extrême gentillesse.

La deuxième était moins bienveillante mais je pense qu'elle n'avait pas pris la peine de lire mon dossier car elle me demanda de marcher pour m'asseoir sur la table d'opération, bien évidemment j'en étais incapable ; bref, j'ai même pas relevé sur le moment, même si sur le coup cela m'a agacée.

L'anesthésiste est arrivé, il m'avait vue en consultation pendant mon hospitalisation : ouf ! Il savait.

Il était adorable. Il a pris soin de m'expliquer ses gestes, et même si, quand il a piqué, j'ai hurlé ! Il est resté bienveillant et doux. L. lui a dit que ce n'était pas lui mais le dos qui me faisait hurler de douleur – d'ailleurs la pauvre, je crois que je lui broyais les mains à ce moment-là – et puis dans la minute qui a suivi, plus rien, plus aucune douleurs, un soulagement. Je me suis retrouvée allongée à plat sans avoir mal, j'avais passé plus d'un mois en position semi-assise car mon dos refusait d'être à plat et tout d'un coup, j'étais bien. Enfin un peu de répit.

Ma gynécologue est arrivée. Et une sage-femme du service également, elle est passée me donner de la force et je l'ai suppliée de rester à côté de moi ; sur le coup je crois que j'avais besoin de personnes que je connaissais un peu.

Julien était également là, il était juste derrière ma tête, assis sur un tabouret.

La sage-femme à côté de moi me prit la main et me fit respirer pour que je me détende un peu ; elle me fit fermer les yeux et imaginer autre chose : une plage de sable fin, un lieu où la douleur physique n'existe pas. Elle a fait cela tout le long de l'opération : de la sophrologie. Je n'étais pas une adepte de ces pratiques en temps normal mais je dois le dire, cela m'a beaucoup aidée à me focaliser sur autre chose que sur ce qui était en train de se passer sur la table d'opération. D'ailleurs, je pense que ce serait vraiment bien qu'on puisse proposer cet accompagnement à toutes les futures mamans pendant l'accouchement…

D'un coup, le médecin dit : « C'est bon, je vois bébé c'est bientôt fini ! » Cette sage-femme me fit pousser comme pour accompagner mon bébé. Oh combien je la remercie d'avoir fait cela, elle a adouci ce moment. Elle m'a fait me sentir actrice de mon accouchement, moi qui avais le sentiment d'être passive depuis des semaines. Elle m'a rendu ce que j'avais perdu : mon utilité, cette estime de moi qui avait tant diminué !

Et quand mon bébé est sorti, la puéricultrice l'a soulevé devant moi pour que je voie le sexe, un peu comme dans « le Roi lion », je dois le dire :) C'était émouvant et comique, une sensation de légèreté planait dans le bloc, c'était agréable !

Elle me l'a ensuite posé sur moi. C'était un moment magique : on l'a fait, on est devenus parents encore une fois ! Malgré tout ce parcours semé d'embûches, la fin fut belle, notre bébé était là, en bonne santé ! Une sensation d'avoir gagné m'envahissait, à cet instant-là rien ne pouvait m'atteindre, j'étais pleinement heureuse !

Ne laissez jamais quelqu'un dire que par césarienne l'accouchement n'est pas beau, ce n'est pas VRAI, en tout cas ce n'est pas ma réalité.

Cet accouchement fut doux, à l'opposé de tout ce que j'avais vécu à la fin de cette grossesse, mais toutes ces semaines de douleurs et de contraintes ont, à ce moment précis, enfin pris un sens !

C'était pour Lui, pour Jude, mon fils, notre fils.

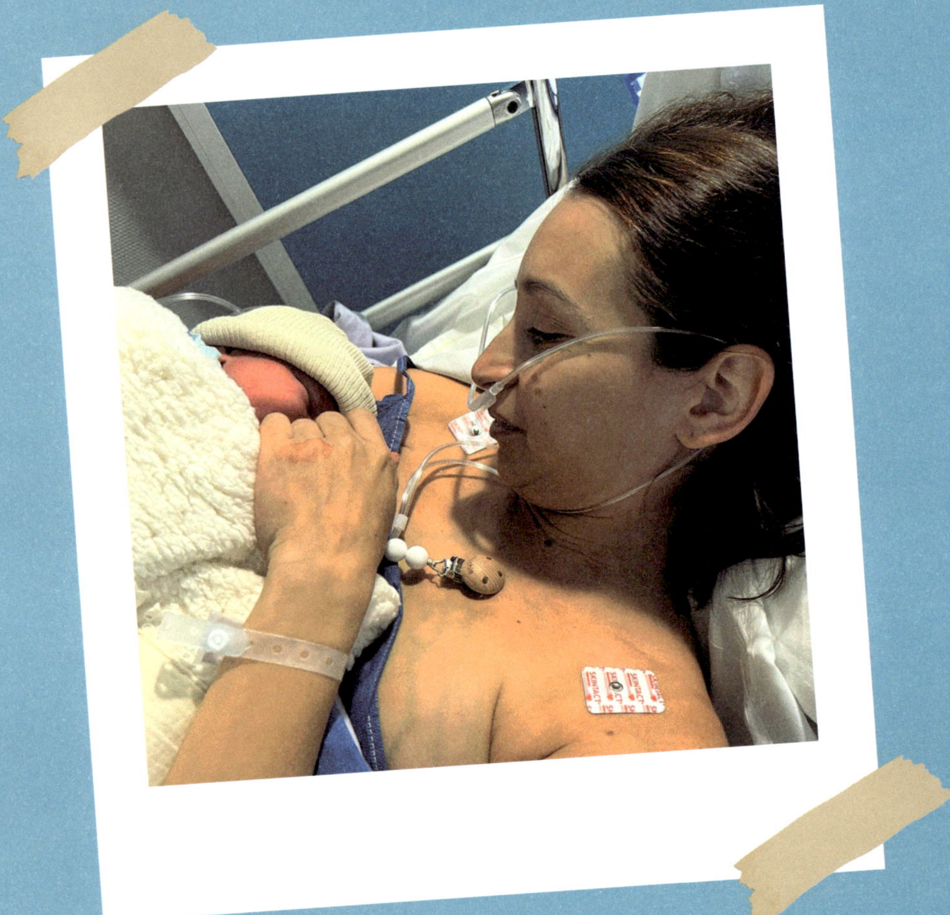

CHAPITRE 5
MES ENFANTS, MA FORCE

Un postpartum avec des hauts et bas.

On est le 29 avril 2022, je viens d'accoucher de mon quatrième bébé. Je suis en salle de réveil, seule. Jude est avec papa.

J'ai qu'une idée en tête : les retrouver ! Mais je me demande également si quand l'anesthésie aura fini de faire effet : est-ce que les douleurs vont revenir ? Est-ce que je vais pouvoir me tenir debout ? Est-ce que mon dos me tiendra ?

Ma hantise serait que ce cauchemar continue…

Quelques heures plus tard, je montais enfin en chambre retrouver mes deux hommes.

Je pris Jude dans mes bras aussitôt pour qu'il puisse enfin téter ; ah oui, parce que je voulais absolument allaiter, c'était la seule chose que je pouvais encore faire seule alors cela me tenait particulièrement à cœur.

Ce fut un moment magique, enfin nous étions réunis tous les deux.

J'étais très fatiguée par cette journée intense mais je tenais quand même à voir les filles et Marlow ; ils sont donc venus avec ma maman –qui avait fait le déplacement depuis Lyon quelques jours auparavant –voir leur petit frère.

Marlow était intimidé et les filles aux anges ; c'était beau à voir, cette fratrie réunie. Enfin mes 4 enfants ensemble ! Romy a couru vers son frère, Shirel était tout émue, et Marlow voulait absolument le porter. J'ai d'ailleurs filmé ce moment que je trouve tellement beau à chaque fois que

je le regarde.

Ma maman aussi était émue mais elle était aussi inquiète pour moi, elle savait que je souffrais et pour une mère, voir son enfant souffrir est difficile, même quand il a 34 ans. Ce n'est pas moi qui dirai le contraire, moi qui pleure facilement quand mes enfants se font mal ou sont malades !

Le soir arriva et je dois bien avouer que j'étais paniquée à l'idée d'être seule avec Jude, j'avais peur qu'il ait besoin de quelque chose et que je ne puisse pas l'atteindre. Je m'étais rendu compte que mes gestes étaient limités, je n'arrivais pas à soulever Jude de son berceau pour le prendre sur moi, le dos avec la césarienne en plus, c'était bien trop douloureux.

J'avais également essayé de me lever en fin de journée mais je ne tenais pas sur mes jambes, la tête tournait et le bas du dos me faisait horriblement mal. Ce que je redoutais arriva. J'essayais de garder espoir et je mettais tout cela sur l'après-césarienne. J'avais hâte que les médecins fassent une radio ou une IRM mais ils n'avaient pas l'air de se presser malgré ce qu'ils m'avaient dit pendant mon hospitalisation.

Cela jouait sur mon moral, l'allaitement également était douloureux, enfin plus les tranchées, vous savez les fameuses contractions utérines post-accouchement ! Dès que Jude tétait, j'avais des douleurs dans le bas-ventre et jusque dans les jambes, apparemment c'est tout à fait normal mais, Bordel ! On ne m'avait pas prévenue que pour un quatrième, c'était juste horrible !

J'étais en plein dans ce qu'on appelle le postpartum ; jusqu'à présent, pour mes précédentes grossesses, je l'avais bien vécu. Là, avec la situation compliquée de départ, je commençais à comprendre que ça allait être plus délicat…

Comme quoi, chaque grossesse, chaque accouchement, chaque postpartum est différent.

Le lendemain, je trouvais Jude assez jaune... J'en ai parlé aux puéricultrices qui, après avoir insisté plusieurs fois, ont décidé de lui faire une prise de sang et en effet, il avait une jaunisse.

Rien de bien méchant mais il allait devoir être séparé de moi quelques heures pour être dans un berceau sous une lampe, dans le cadre de sa jaunisse. C'était à quelques mètres de ma chambre.

Il devait y rester 3H, j'avais du mal à être dans mon lit, le savoir seul dans ce petit berceau me brisait le cœur.

J'ai pris la décision de me lever, purée que c'était dur ! Je devais me tenir le long des murs pour ne pas tomber ; et la tête, elle tournait en permanence mais il fallait que j'aille voir mon bébé ; c'était viscéral. J'ai bien mis 20 minutes à faire les quelques mètres qui nous séparaient et encore, je ne faisais pas la fière, j'avais très peur de tomber.

Je suis arrivée, il était là, il dormait paisiblement. Je suis restée à côté de lui quelques minutes mais tenir la position debout était encore très dur, même si je m'accrochais à une table qui était à côté du berceau.

C'est là, à ce moment précis, que j'ai pris conscience qu'il allait me falloir du temps pour être à nouveau celle que j'étais, avant toute cette histoire…

Je suis retournée à ma chambre et j'ai fondu en larmes ; j'avais l'impression qu'on me volait ces premiers instants avec mon bébé. J'en avais marre de cette situation, j'avais juste envie de redevenir moi, cette nana hyperactive qui faisait plein de choses en une journée ; j'avais déjà assez souffert, je voulais juste que cette douleur me lâche un peu, que je puisse respirer et profiter de mon bébé.

Il aura fallu trois séances de « lampe » pour que Jude aille mieux. Et nous avons pu rentrer à la maison pour le reste de notre vie à 6. J'étais effrayée parce que je ne savais pas de combien de temps j'aurais besoin pour pouvoir me débrouiller seule.

Mes parents nous attendaient chez nous avec les enfants, mon père et mon frère étaient venus rejoindre ma mère à Toulouse ; cela me rassurait quand même d'avoir du monde à la maison qui pouvait potentiellement m'aider.

Avant de partir, les médecins ont effectué une radio. La bonne nouvelle c'est que rien de grave n'apparaissait, ils m'ont conseillé donc de voir une kinésithérapeute au départ avant d'envisager de faire une IRM si pas d'améliorations dans les semaines à venir.

En sortant de la maternité, je n'arrivais pas encore à marcher sans appui, la poussette fut ma nouvelle alliée.

J'ai passé les premières journées et premières nuits à la maison sur le canapé à allaiter Jude ; j'étais incapable de monter les escaliers pour rejoindre ma chambre. L'infirmière passait tous les jours pour les suites de la césarienne, elle était adorable et cela me permettait de discuter quelques minutes avec quelqu'un d'autre qu'un membre de ma famille.

Une semaine après être rentrée à la maison, j'ai eu envie de retrouver ma chambre et je me suis fait violence pour affronter ces escaliers qui me faisaient peur ! Oui oui ! Affronter, je sais, cela fait très épreuve de Koh-Lanta mais c'est ainsi que je l'ai vécu sur le moment.

Julien a été hyper présent, il s'est mis devant moi pour me tenir et m'aider au besoin, nous avons mis une vingtaine de minutes pour monter des escaliers qui, d'ordinaire, me prenaient moins d'une minute à monter, mais c'était ma première victoire !

Motivée par ce premier succès, j'ai essayé de me doucher seule, mais là c'était plus compliqué. Nous avons une baignoire assez haute et l'enjamber était délicat, j'avais besoin que Julien m'assiste ; c'était vraiment compliqué pour moi de l'accepter. Je ne voulais pas qu'il me voit autant diminuée. On se marie pour le meilleur et pour le pire je sais, mais la fierté personnelle en prend un coup.

Il le savait, il m'aidait, puis quand je lui demandais de se tourner ou de sortir de la pièce, il le faisait sans rien dire. Je ne sais pas s'il comprenait cette pudeur et cette difficulté que j'avais mais il respectait mes choix, la définition de l'Amour à mon sens.

Ce soir-là, je me suis allongée dans mon lit avec Jude dans le cododo ; c'était la première fois que je m'allongeais autant à plat et mon corps a eu du mal.

J'avais extrêmement mal au dos, pour tout vous dire, je n'arrivais plus à bouger, à me tourner ; j'étais comme allongée sur mon squelette, je sentais tout puissance 10 000 mille.

J'ai demandé à Julien de prendre Jude avec lui car je n'étais plus capable. J'ai appelé SOS MÉDECINS, parce qu'à cet instant, je sentais que j'avais besoin d'aide.

La médecin est arrivée, elle a de suite compris que j'étais très douloureuse et que j'avais juste besoin d'être soulagée : elle a pris le temps de discuter avec moi pour me détendre, j'arrivais même pas à soulever mes fesses pour qu'elle puisse piquer, elle a dû m'aider... Elle m'a fait une piqûre de médicaments assez forts pour que je puisse dormir et me reposer. Ensuite elle m'a parlé de l'allaitement, qu'il fallait peut-être que je revoie mes choix pour mon confort et pour qu'on puisse me médicamenter.

Pour moi il était hors de question que je renonce à l'allaitement, non pas parce que je suis antibiberon, loin de là, mais juste parce que c'est la seule chose qui me permettait un peu de garder la main, de ne pas totalement lâcher prise.

Elle est descendue et je l'ai entendue dire à Julien : « Votre femme ne tiendra pas seule, elle a besoin d'aide et de repos. »

Ce soir-là, j'ai pleuré, encore et encore, jusqu'à m'endormir mais, cela ne m'a pas empêchée d'allaiter mon bébé pendant la nuit. Je dirais que cela m'a même donné la force de le faire : je me suis dit que j'allais m'accrocher et que personne ne déciderait pour moi ; d'ailleurs, si je dois vous donner un conseil : ne laissez jamais personne vous dire que vous n'êtes pas capable. On a tous en nous la force de se relever et d'affronter les épreuves de la vie.

C'est à vous de décider de quoi vous êtes capable ou non.

Demain est un autre jour, c'est ce que je répétais en permanence pour ne pas sombrer davantage.

L'été arriva vite et nous avions décidé de partir s'aérer l'esprit, on en avait tous besoin, autant que nous les parents, que les enfants. L'arrivée d'un enfant est un bouleversement pour chacun et je pensais que prendre l'air était bénéfique pour tout le monde.

Nous sommes partis dans un domaine avec des logements atypiques. Le but à cet instant précis était de se créer de nouveaux souvenirs à six. Et quel bonheur ! Oui, mes douleurs n'avaient pas disparu comme par magie mais je pris enfin du plaisir à quelque chose ! Se poser, juste nous, profiter du moment présent sans se soucier du futur nous fit un grand bien. J'ai même fêté mon anniversaire dans ce lieu ; c'était simple : un gâteau, une bougie et surtout mes enfants et mon mari, tout ce dont j'avais besoin. Ma force était de me réjouir de tout ce que je pouvais trouver de positif et cela marchait !

À la fin de l'été, je reprenais la rééducation avec ma kinésithérapeute, je savais que j'avais encore du chemin à faire ; c'était pas facile de se motiver sans savoir ce que ça allait donner, sans savoir si j'allais réussir à retrouver le moi d'avant. Mais être dans l'action était la seule chose qui me tenait debout. C'était le conseil de la psychologue que j'avais vue quelques temps auparavant.

Oui, je ne vous ai pas expliqué mais, le jour où j'ai le plus sombré, je me suis rendue à la clinique avec Jude sous le bras en leur expliquant que j'avais mal, très mal. Je ne tenais plus debout, c'était deux mois après l'accouchement. J'avais le souffle court, je pleurais énormément…

Je suis tombée sur un médecin compréhensif et qui a mis des mots sur ce que j'étais en train de vivre : ***dépression postpartum.*** Sur le coup je lui ai rigolé au nez, impossible que cela m'arrive à moi, mais il fallait se rendre à l'évidence, j'étais juste l'ombre de moi-même.

Je me sentais tellement inutile, j'étais physiquement incapable de faire certaines choses qu'une mère doit faire pour s'occuper de son bébé, comme le bain ou le change. Des choses que je faisais tellement facilement pour mes ainés étaient devenues inatteignables pour moi malgré tous mes efforts. Je me suis souvent surprise à penser que Jude méritait une autre mère que moi, que je n'arrivais pas à lui donner le meilleur comme je devrais le faire. Je me mettais cette pression que finalement on met à toutes les jeunes mamans sans forcément s'en rendre compte. Et puis je refusais d'accepter ma situation tellement qu'elle me paraissait injuste, même si je donnais le change avec ma famille, mes amis, les réseaux ; parce qu'encore une fois, je n'admettais pas que j'avais besoin d'aide mais cette médecin, elle ne m'a pas donné le choix, elle a parlé de mon cas à la psychologue de la clinique.

Vous imaginez la suite, un appel de cette professionnelle, des discussions pour comprendre ce qu'il se passait pour moi et enfin une prise de conscience : j'avais besoin d'aide et c'était OK ! Cela ne faisait pas de moi une mère incompétente, juste une maman avec ses failles. Grâce à elle j'ai pu avoir de l'aide, Julien a aussi pris conscience de ce qui était en train de se passer et avec le recul, tout cela était nécessaire pour « guérir » et me sortir de cette impasse qui me faisait tant souffrir.

D'ailleurs si vous ressentez un peu de ces sentiments-là, essayez d'être doux avec vous-même, donnez-vous la permission de vous reposer et de demander du soutien à ceux qui vous entourent. Le postpartum peut être tellement compliqué qu'un peu de bienveillance envers soi-même fait du bien.

Il est important de se rappeler que notre valeur s'étend bien au-delà de notre expérience pendant ce postpartum : nous sommes bien plus fortes, résilientes, aimantes, plus capables que tout ce que nous pouvons croire pendant ces moments qui peuvent être difficiles. Je le souligne aujourd'hui car malheureusement, moi je l'ai longtemps oublié.

Quand j'ai compris cela, je me suis fait accompagner, et j'ai continué mes séances de kiné pour soigner le moral et le physique en même temps. Plus le temps avançait, moins je pleurais, je reprenais doucement confiance en moi et en mon rôle de mère, je faisais des progrès physiques. Bien sûr, il y avait des jours de moins bien mais comme dans toute rééducation, il y a des moments plus compliqués que d'autres.

J'ai d'ailleurs changé de kinésithérapeute pour avoir quelqu'un de spécialisé au niveau des grossesses et postpartum. Elle a diagnostiqué de suite un « diastasis » assez important qui pourrait aussi expliquer que le dos n'ait pas tenu pendant ma grossesse. Elle me conseilla de prendre rendez-vous chez mon médecin généraliste pour obtenir une ordonnance pour une échographie abdominale pour voir exactement les dommages à l'intérieur.

Le diastasis a été confirmé à l'échographie. J'étais également pas loin d'une hernie ombilicale, et la ligne blanche, celle qui constitue la ligne médiane de l'abdomen, était aussi endommagée. Je n'ai pas été surprise, de toute façon je voyais bien que je n'avais plus « d'abdominaux », et comme les abdominaux travaillent en symbiose avec le dos…

Bizarrement, ce diagnostic me rassurait, je n'étais pas folle, il y avait bien quelque chose et on commençait doucement à voir quoi !

Pour vous faire une sorte d'update concernant mon dos, j'ai appris récemment – soit un an plus tard – que j'avais en réalité plusieurs vertèbres de cassées ; les médecins s'étaient à tort focalisés sur ma grossesse et ses conséquences sans écouter réellement ce que je leur disais, que les douleurs venaient principalement de ma chute sur le canapé pendant ma grossesse. Ma rhumatologue, que j'ai contactée bien tard dans mon parcours de soins, ne comprend pas comment ils ont pu passer à côté. Mais maintenant, on sait et c'est le principal pour moi, même si j'aurais aimé être prise au sérieux.

À l'heure où j'écris je vais mieux, la douleur quotidienne est passée mais à chaque effort plus ou moins intense il faut que je m'allonge pour qu'elle cesse. D'après la rhumatologue, ce sont des séquelles que j'aurai à vie. Je fais en sorte de les atténuer en faisant du sport et en essayant de muscler au maximum mon dos parce que je le sais, plus le dos sera musclé moins les douleurs seront présentes. Et j'y arrive, j'ai des petites victoires chaque jour. Il n'y a pas si longtemps j'ai réussi à nager, chose que j'étais incapable de faire après ma grossesse parce que pour nager il faut utiliser ses abdominaux et son dos.

Au niveau du diastasis également il y a du progrès. J'ai réussi à le faire diminuer en un an avec des séances de kinésithérapie même si je sais que l'opération chirurgicale : l'abdominoplastie sera la seule chose qui pourra rendre la chose définitif.

Mais une chose, faites-vous confiance. S'il vous arrive quelque chose, insistez auprès des médecins pour avoir le bon diagnostic c'est important car cela peut tout changer.

Je continuais également mon allaitement qui me tenait tellement à cœur.

Pour certaines, cela pourrait paraitre bête de refuser tout traitement médicamenteux malgré la douleur, juste pour allaiter. Pour moi cela faisait partie de ma guérison, je me prouvais à moi-même que j'étais capable de quelque chose.

J'ai allaité Marlow deux ans et demi, c'était important pour moi de tout donner pour Jude également. Et puis cette relation mère-enfant qui aurait pu être tellement mise à mal, je me disais qu'en gardant ces moments rien qu'à nous, cela pourrait m'aider aussi à rester ancrée dans mon rôle de mère ; je m'évitais de trop sombrer ainsi. Même dans les moments les plus compliqués, nourrir mon enfant, le prendre dans mes bras, le regarder téter, lui caresser la tête, tout cela m'aidait à tenir bon. Je savais que je me battais pour lui et pour son frère et ses sœurs bien sûr.

Je ne pouvais pas baigner seule Jude, ni le porter, mais le nourrir je le pouvais même si je souffrais ; c'était encore à ma portée. Je m'étais juré que personne ne me ferait changer d'avis là-dessus, surtout qu'ils n'avaient aucune certitude sur l'efficacité des médicaments qu'ils voulaient me prescrire…

Attention, je ne suis pas en train de dire que l'allaitement est la seule façon de s'ancrer dans son rôle de mère, c'était ma façon à moi, celle qui me faisait du bien et me permettait de me sentir utile. Et quand on traverse des épreuves de la vie, je pense qu'il est nécessaire de se raccrocher à ce qui nous fait plaisir et surtout à ce qui nous aide à aller de l'avant. Je pense aussi que l'allaitement ne consiste pas uniquement à nourrir le corps, il nourrit l'âme également, et il nourrissait mon âme. Dans les moments que je partageais avec Jude, quand nos regards se croisaient, je ressentais un profond sentiment de connexion et de pure joie. La façon dont mon bébé me regardait avec confiance et une adoration totale, la façon dont ses yeux brillaient de joie pendant qu'il tétait, c'était un témoignage du lien que nous partagions tous les deux. Je me prouvais également à moi-même que mon corps était capable de soutenir et de nourrir la vie ; grâce à l'allaitement, je puisais dans une sorte de forcc intérieure, de résilience et de confiance en moi.

Je ne pouvais renoncer à ces instants, je ne voulais pas que ces douleurs, que cette situation, m'enlèvent encore quelque chose.

Dans mon cas également, beaucoup de professionnels de santé m'avaient dit que je n'y arriverais pas, qu'avec mes douleurs l'allaitement serait compliqué, et avec mon caractère de cochon et mon esprit de contradiction, je dois dire que cela m'a motivée davantage à poursuivre mes envies. :)

D'ailleurs, je trouve dommage de dire cela à une femme en postpartum au lieu de trouver les mots pour l'accompagner dans son projet de maternité, c'est tellement facile à mon sens…

À l'heure où j'écris ces lignes sur mon ordinateur : j'allaite toujours mon fils, il a un an et j'ai réussi mon pari de l'allaiter sans avoir de douleurs. Je suis fière de cela, je suis fière de vous le dire ! Même si l'allaitement fut un défi pour moi, j'ai appris pendant cette année ; j'ai appris sur moi, sur mes capacités et sur mon instinct de mère. Alors oui, j'ai eu quelques fois besoin d'aide, j'ai pris volontiers des conseils et je suis en phase avec cela. J'espère que vous qui me lirez, vous comprendrez où je veux en venir. Je parle de la confiance en soi, elle est tellement importante et chaque maman devrait pouvoir être épaulée pour gagner en confiance et mener à bien ses projets, quels qu'ils soient.

Et puis en tant que mère, que femme, il est important de s'écouter : si vous décidez quelque chose pour votre enfant, foncez ! Même si machin ou bidule vous dit que ce n'est pas une bonne idée : écoutez-vous ! Et si à la fin vous avez le sentiment d'avoir échoué, ce n'est pas grave car vous aurez fait ce que vous aviez décidé de faire, vous aurez suivi votre instinct !

Pas de regrets ! C'est un peu ma philosophie, vivre sans regrets.

En parallèle de tout ce que je mettais en place pour dépasser ce postpartum délicat, je me suis également mise à fond dans mon travail.

J'ai fait confiance à des personnes pour m'épauler au quotidien, je me suis entourée de positivité ! Et purée que ça fait du bien !

En réalité, je faisais en sorte d'avoir des projets et des buts et je dois dire que cela fonctionnait pas trop mal.

Je me fixais des objectifs atteignables dans tous les domaines comme : marcher pendant 15 minutes seule sans appui, écouter mon corps, nager…

Créer du contenu m'aidait également car cela me permettait de fixer mon attention sur autre chose et surtout cela me sortait du quotidien ; j'étais également heureuse de pouvoir mettre à profit mon expérience —même douloureuse —pour les autres. Certaines filles sur mon compte Instagram me témoignaient leur histoire, d'autres me remerciaient de parler de ce qui m'arrivait sans tabou ; elles me disaient que je les aidais à dépasser leurs propres douleurs…

Ces différents projets étaient pour moi comme une sorte de distraction positive face aux pensées négatives et à ce que j'essayais de combattre, cela m'aidait à rester ancrée dans ma vie et dans le présent.

Bref je me suis mise à fond sur tout ce que je pouvais !

J'essayais aussi de voir le plus de monde possible, sans forcément parler de ce que je vivais, d'ailleurs mes proches n'ont souvent pas vu la réalité de la situation. Et cela m'allait bien comme cela. Je ne voulais pas de pitié ou autre, je voulais être vue comme d'habitude.

Le seul qui savait tout c'était Julien, il a d'ailleurs arrêté son travail pour pouvoir être à mes côtés. J'avais besoin de lui au quotidien et il a répondu présent. Et je pense qu'il avait peur que je sombre de trop aussi.

Il a décidé de se lancer à son compte dans l'immobilier ; je pense que cette épreuve lui a fait écho et lui a montré l'importance de la famille. L'importance de vivre le moment présent. Lui qui est fils unique n'avait jamais rêvé d'une famille nombreuse étant plus jeune et il avait une forte ambition professionnelle, mais nos difficultés de la vie l'ont doucement amené à cette reconversion.

Ce changement professionnel l'a épanoui, il est davantage présent pour nous et en même temps il fait ce qui lui plait. Il était aussi fatigué des horaires de la restauration et du commerce. Il profite des enfants au maximum, c'est lui qui s'occupe de les déposer à l'école le matin — Marlow s'est d'ailleurs beaucoup rapproché de papa et même si dans mon cœur de maman ce changement est un peu difficile, je suis heureuse pour eux et pour leur relation.

Moi, je passe mes journées avec Jude et peu à peu, je commence à me sentir mieux, nos projets me poussent à aller de l'avant et j'imagine même des choses un peu folles, comme partir découvrir le monde à six ! Un tour du monde en famille serait mon rêve mais nous allons commencer doucement…

CHAPITRE 6
NOTRE ENVIE DE DÉCOUVRIR LE MONDE

Ma résilience face aux épreuves.

Quand j'ai perdu ma mobilité après ma grossesse, tout semblait s'effondrer autour de moi. C'était une période vraiment difficile, où je me sentais impuissante et vulnérable. Mais j'étais déterminée à ne pas me laisser abattre.

J'ai découvert en moi une force insoupçonnée. Je me suis promis de rester résiliente et de faire tout ce qui était en mon pouvoir pour retrouver ma mobilité. Chaque jour, je me fixais des petits objectifs comme essayer de bouger un peu plus ou de faire des exercices adaptés à ma condition. Ces petits progrès m'ont donné confiance en moi et m'ont encouragée à continuer.

Ma famille a été ma véritable force pendant cette période difficile et l'est encore quand je flanche un peu. Julien a été mon roc, mon soutien constant. Il a été là pour m'encourager, pour prendre soin de moi et pour m'aider dans toutes les tâches quotidiennes. Je n'aurais pas pu y arriver sans lui. Sa présence aimante m'a donné la force de persévérer.

Cette expérience a profondément changé ma vision de la vie. Je me suis rendu compte que chaque jour est précieux et qu'il ne faut pas le prendre pour acquis. J'ai développé un désir intense de vivre pleinement, de saisir chaque opportunité et de découvrir tout ce que le monde a à offrir. Je veux croquer la vie à pleines dents.

Je suis déterminée à profiter de chaque instant et à réaliser mes rêves.

D'ailleurs, si toi qui me lis en ce moment tu traverses une période difficile, sache qu'il y a toujours de l'espoir, même dans le pire, et que l'on peut se relever plus fort que jamais.

Vous avez la force en vous de vous relever. Ne laissez pas les circonstances vous définir. Croyez en vous, trouvez du soutien auprès de votre famille, de vos amis… et ne cessez jamais de croire en vos rêves.

Chaque « mauvaise » expérience de la vie est un défi et peut être une occasion de grandir, de se découvrir et de se surpasser. Même si parfois il faut faire preuve de patience, de persévérance et de détermination, cela en vaut la peine.

Chaque jour est une chance de vivre, d'aimer et de découvrir de nouvelles choses.

Avancez avec confiance et profitez de chaque instant. La vie est belle et pleine de possibilités.

C'est parce que la vie est belle que nous avons décidé avec Julien de plus voyager avec nos enfants ; avant tout cela, on se mettait des barrières en se disant que partir avec nos enfants serait trop compliqué à gérer. Mais ce sont de fausses excuses, nous avions peur mais la peur n'évite rien, je le sais maintenant. Alors profitons !

C'est comme cela que nous avons décidé en février 2023, presque un an après cette perte de mobilité, de faire un citytrip à Londres, à 6. C'était relativement osé pour moi, car même si je récupérais bien, mon dos me faisait encore souffrir, surtout en fin de journée. Mais pas question de laisser mes limitations nous priver de cette aventure.

Nous voilà donc dans l'avion. J'avais organisé notre transport pour qu'il soit tout de même confortable, surtout avec des enfants en bas âge. Un taxi que j'avais réservé en avance devait venir nous chercher à l'aéroport pour nous déposer en plein cœur de Londres, dans le Airbnb que j'avais loué. Nous étions logés dans le quartier Victoria, je trouvais cela idéal pour découvrir la ville à pied et pour ressentir pleinement l'ambiance de la ville. Nous étions à deux pas de Buckingham Palace — d'ailleurs pour la petite anecdote, le premier jour de découverte, nous sommes tombés sur un cortège de voitures avec le Roi Charles III à l'intérieur de l'une d'entre elles ; nous étions stupéfaits... Promis c'est vrai ! Je ne raconte pas de salades ^^

Nous avons marché de nombreux kilomètres pour explorer les différents quartiers de Londres. C'était parfois difficile pour moi, surtout que j'avais souvent Jude en portage. Nous n'étions partis qu'avec une poussette et Marlow à 3 ans avait du mal à suivre le rythme, du coup nous les mettions à tour de rôle dans la poussette. Mais je me suis concentrée sur l'excitation de découvrir de nouveaux endroits avec mes enfants. On faisait des petits arrêts régulièrement pour se reposer, ce qui m'a permis de tenir le coup. On prenait aussi le métro et le bus de temps en temps pour effectuer les plus grandes distances ; c'était d'ailleurs relativement facile, même avec une poussette. On a fait le choix également de faire des pauses un peu plus longues pour déjeuner le midi, déjà car en février il faisait vachement froid pour manger sur le pouce mais surtout parce que j'avais besoin de ce temps de pause. D'ailleurs, on a découvert de chouettes restaurants ! Je ne sais pas vous mais, découvrir une ville, un pays, à travers sa gastronomie, j'adore cela ! Les Anglais étaient adorables avec nous, pas une minute ils nous ont fait sentir que cela les dérangeaient que nous venions avec 4 enfants, même quand on a débarqué pour manger un fish and chips dans un pub !

De cette aventure, je retiens le positif : les visites des monuments emblématiques, les promenades dans les parcs, les écureuils, nos rires, les repas dans des restaurants locaux, les petits-déjeuners anglais – d'ailleurs c'était le moment de la journée préféré de toute la famille... J'ai été émerveillée par l'énergie et l'enthousiasme des enfants ; leur joie contagieuse a contribué à surmonter mes craintes et à me motiver à continuer.

Ce voyage m'a montré que rien n'est impossible, que voyager en famille peut être extraordinaire, même avec une famille nombreuse ! Nous avons appris à être patients, à respecter les besoins de chacun et à trouver un équilibre entre les envies de tous. Le maître-mot au final est l'organisation. Et je trouve que pour une première à 6, nous nous étions bien préparés.

Ce citytrip à Londres a été une leçon de résilience et de détermination pour moi. J'ai appris à écouter mon corps, à m'adapter et à trouver des moyens de surmonter les obstacles. Je suis fière d'avoir osé réaliser ce premier voyage en famille malgré mes douleurs.

Princess

D'ailleurs, ce voyage nous a donné l'envie de recommencer encore et encore. Il nous a ouvert les yeux sur les possibilités infinies qui s'offrent à nous en tant que famille. Nous avons réalisé que nous pouvions transformer chaque voyage en une aventure inoubliable, peu importe la destination. Chaque nouvelle ville, chaque nouvelle culture, chaque nouvelle rencontre est une opportunité de grandir, d'apprendre et de se rapprocher en tant que famille.

Nous avons compris que ce n'était que le début de notre parcours en tant que voyageurs. Nous avons commencé à établir une liste de destinations que nous aimerions visiter, de nouvelles expériences que nous aimerions vivre ensemble.

Ce voyage nous a montré que les limites que nous nous fixons sont souvent imposées.

Aussitôt rentrés, nous étions prêts à repartir, à emmener nos enfants vers de nouveaux endroits, à embrasser l'inconnu et à créer de nouveaux souvenirs ensemble. D'ailleurs, je sais que peu importe où nous irons, l'essentiel est que nous le faisions ensemble, avec amour et détermination.

C'est comme cela que deux mois après, nous sommes partis à la découverte de la Crète !

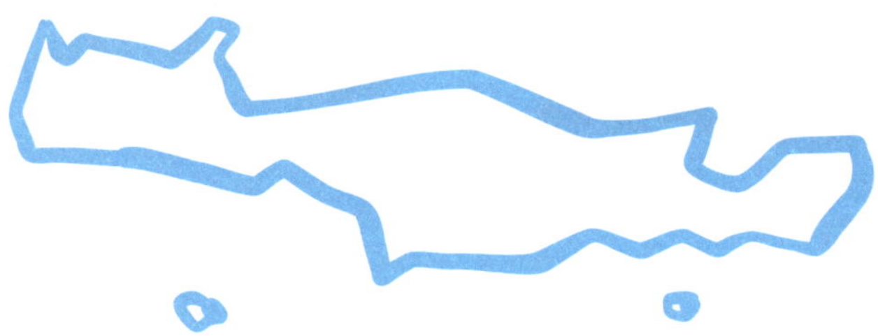

La Crète, avec ses paysages pittoresques, sa riche histoire et sa culture unique était la destination parfaite. Nous sommes partis plus précisément à Chania. Le début de notre voyage était ubuesque : on devait se rendre à Paris pour prendre notre avion direction Heraklion mais, la veille de partir, notre voiture tombe en panne. Je vous dis pas l'angoisse... Nous étions le premier

Mai, aucun train en journée de disponible pour le lendemain, les prix des locations de voiture étaient exorbitants ! Finalement nous avons décidé de monter sur Paris en train de nuit !

L'aventure avec 4 enfants dont un bébé d'un an ! Marlow a été malade cette nuit-là, j'en souris maintenant mais la nuit fut mouvementée ^^

Arrivés à Paris, direction l'aéroport pour prendre notre vol, et ensuite nous avions une heure et demie de voiture pour arriver à destination ! Il était tard, les enfants étaient crevés et nous aussi, mais nous savions que c'était le début de nos vacances alors tout le monde était content tout de même.

Le lendemain, nous avons immédiatement été captivés par la beauté de cette ville portuaire. Les ruelles étroites, les maisons vénitiennes colorées et le charme authentique ont créé une atmosphère chaleureuse et accueillante. J'ai su que nous allions vivre des moments magiques ici.

Nous avons passé des journées à déambuler dans les rues animées, à explorer les marchés locaux et à savourer la délicieuse cuisine crétoise. Chaque coin de rue offrait une nouvelle découverte : des petites boutiques familiales, des cafés animés et des églises anciennes.

Je me suis émerveillée devant les magnifiques plages et les eaux cristallines qui entouraient la région. Comme Elafonissi, qui est une île grecque située en mer de Libye, on l'appelle aussi « Île au Trésor ». Nous nous y sommes baignés, avons construit des châteaux de sable sur cette plage magnifique et les enfants étaient admiratifs du sable aux reflets roses. C'est une plage à faire si vous allez en Crète mais je vous conseillerais de venir équipés (parasol, tente anti-UV…) si vous êtes avec des enfants car la plage est très peu aménagée pour préserver l'île au mieux.

Durant ce voyage, nous avons logé à l'hôtel pour mixer détente et visite ; c'était parfait, autant pour les enfants que pour moi ^^

Mais l'un des moments forts du voyage a été la visite du port vénitien de Chania. Nous nous sommes promenés le long du front de mer, admirant les bateaux de pêche colorés et les majestueux phares. Les enfants étaient fascinés par les histoires de pirates et d'aventures maritimes.

Nous avons également mangé à 16H dans une taverne typique crétoise en pleine campagne, c'était l'heure du goûter mais nous nous sommes laissés tenter par une salade crétoise et des plats avec de jolies saveurs. C'est ce que j'aime le plus dans les voyages, le lâcher-prise, oublier ses horaires et la routine habituelle, profiter du moment présent sans se soucier du lendemain.

Alors oui, avec des enfants, c'est du boulot les voyages et c'est pas tous les jours reposant, ou en tout cas, pas comme si nous étions à deux. D'ailleurs pour la petite histoire, en parents indignes, lors d'une journée dans le centre-ville de Chania, nous avions complètement oublié le repas de Jude ; j'ai dû faire quelques boutiques pour trouver yaourts et petits pots dans la précipitation et au final, il adoré son repas et a même goûté dans nos assiettes ! Tout cela pour dire que même s'il y a des petits ratés, tout se répare et c'est d'ailleurs toutes ces petites anecdotes qui nous feront sourire des années plus tard, quand on se remémora nos aventures en famille.

Nous sommes rentrés en France la tête pleine de souvenirs. À l'heure où j'écris ces lignes, nous sommes en train de planifier un nouveau voyage à 6 !

Plus en mode road trip pour l'année 2024, mais aussi un voyage à deux pour les 40 ans de Julien. Parce que même si nous adorons voyager en famille, nous n'allons pas nous arrêter là. Notre couple – avec tout ce qu'il a vécu ces dernières années – a besoin de temps pour lui.

Pour être des parents heureux, nous avons besoin d'être un couple épanoui.

CONCLUSION

J'aimerais vous transmettre un message d'espoir qui résonne profondément en moi. J'ai traversé des moments difficiles, mais j'ai appris que face à l'adversité, tout est possible.

Nous avons tous une force insoupçonnée qui sommeille en nous, capable de nous relever de n'importe quelle situation, même des moments les plus sombres.

Oui, j'ai connu des instants où tout semblait perdu, où l'espoir vacillait. Mais à travers ces moments de désespoir, j'ai découvert une résilience en moi. J'ai réalisé que l'adversité ne détermine pas notre destin, mais c'est notre réponse à celle-ci qui fait toute la différence.

J'ai appris que chaque difficulté présente une opportunité de grandir, de se renforcer et de trouver un nouveau sens à notre vie. Les épreuves peuvent être catalyseurs de changements et de moments de révélation. Elles nous rappellent notre résilience et notre capacité à nous relever, même lorsque tout semble perdu. Parce que, en faisant de nos épreuves une force, nous transformons nos vies.

Il est, je pense, essentiel de croire en notre pouvoir de transformation et de nous entourer de soutien et d'amour. J'ai découvert que ma famille, celle que j'ai créée a été ma plus grande force. Leur amour inconditionnel et leur présence ont été les piliers sur lesquels je me suis appuyée pour me relever. Ils m'ont montré que je n'étais pas seule et que nous pouvions traverser ensemble les tempêtes de la vie.

Mon histoire est la preuve vivante qu'on peut avancer malgré que les cicatrices restent. J'espère que mon parcours vous inspirera à ne jamais abandonner, à croire en vous-même pour trouver la force de surmonter ce que la vie mettra sur votre chemin.

Quand nous croyons en nous-même, nous sommes invincibles, nous pouvons trouver la lumière pour nous élever vers de nouveaux horizons, encore plus forts que jamais.

Et surtout, être mère, être leur maman, m'a rendue plus forte, cela a été la clé de ma guérison, trouvez la vôtre !

Dashbook est une maison d'édition collaborative. Spécialistes de la publi-tech, nous utilisons la puissance du web pour mettre en contact auteurs et lecteurs. En favorisant cette rencontre, nous permettons à nos auteurs de trouver leur public et de vivre de leur passion.

Achevé d'imprimer en Bulgarie,
en Septembre 2023
par l'imprimerie Smilkov
pour le compte de Dashbook
70 000 Comberjon (France)